AF195983

Für meine Familie

Sibylle Zieburg

Ist Lachen wirklich ansteckend?

Über Methoden der Manipulation und
Propaganda und den Zustand unserer
Gesellschaft am Beispiel von COVID-19

www.tredition.de

© 2021 Sibylle Zieburg

Verlag & Druck: tredition GmbH, Halenreie 40-44, 22359 Hamburg

ISBN
Paperback   978-3-347-33543-1
Hardcover   978-3-347-33544-8
e-Book   978-3-347-33545-5

Inhalt

Die Freiheit des Geistes
ist die Grundlage einer mitfühlenden Welt.

Ist diese Freiheit genährt durch die Weite unserer
Herzen, entsteht ein Miteinander-Sein.

Martin Zieburg
(Februar 2021)

Vorwort

„Lachen ist ansteckend!", sagt der Volksmund. Und meint damit, dass wir unwillkürlich mit einstimmen, sobald jemand in unserer Nähe aus vollem Herzen zu lachen beginnt. Denn was gibt es Schöneres, als gemeinsam mit Freunden, Angehörigen oder sogar Unbekannten einen Augenblick der Freude zu teilen? Unter COVID-19 hat der Ausspruch „Lachen ist ansteckend" jedoch eine ganz neue Bedeutung erhalten. Plötzlich ist Lachen etwas Gefährliches. Uns wird beigebracht, dass wir damit ein Virus auf andere übertragen können und ihre Gesundheit bedrohen bis hin zum Tod. Nicht nur ist das laute Lachen in unmittelbarer Nähe von anderen Menschen untersagt. Auch ein Lächeln kann nicht mehr offen gezeigt werden, sondern verschwindet unerwidert hinter einer Maske, die alle Emotionen neutralisiert. Doch wie gefährlich ist Lachen beziehungsweise die Nähe zu anderen heutzutage tatsächlich? Und gibt es nicht auch den Ausspruch „Lachen ist die beste Medizin"? Weshalb wird die aus psychologischer und auch psychosomatischer Sicht so wichtige Rolle der sozialen Gemeinschaft als gesundheitsförderndes Element in der öffentlichen Debatte um COVID-19 kaum berücksichtigt – wie auch andere Faktoren nicht?

Es herrscht weitgehend Einigkeit dahingehend, SARS-CoV-2 als einen Erreger zu betrachten, der die Erkrankung COVID-19, auch genannt Corona, verursachen kann. Doch handelt es sich bei Corona nicht auch um ein Symptom? Ein Symptom dafür, wie es um bestimmte Grundwerte einer Gemeinschaft bestellt ist? Im Zusammenhang mit COVID-19 werden gesellschaftlich relevante und höchst brisante Fragen aufgeworfen. Wie weit darf eine Regierung ihre Bevölkerung in der persönlichen Freiheit einschränken, um das Wohlergehen der Menschen zu sichern? Wäre es vergleichsweise legitim, eine Person einzusperren, um sie vor gesundheitlichen Risiken zu bewahren oder vor der Gewalt Dritter? Und wenn ja, wie lange und unter welchen Bedingungen? Oder ist es nicht so, dass zumindest jedem Erwachsenen und in einem gewissen Maße auch Kindern selbst überlassen sein muss, allein für sich zu entscheiden und Nutzen gegenüber Risiken abzuwägen? Hier bedarf es einer sorgfältigen Abwägung in der Verhältnismäßigkeit zwischen Fürsorge und Freiheit. Und es ist zu hinterfragen, ob einseitige Methoden der Manipulation und Propaganda angewandt werden dürfen, um die Bevölkerung vorgeblich zu schützen. Was sagt entsprechend der Umgang mit COVID-19 und mit Andersdenkenden über den Zustand unserer Gesellschaft aus? Und welchen Einfluss nimmt die Obrigkeit in Form von Machthabern aus Politik, Wissenschaft, Wirtschaft und Medien in diesem vermeintlichen Dilemma zwischen Fürsorge oder Freiheit?

Fürsorge und Freiheit, dies sind zwei der sechs sogenannten moralischen Grundpfeiler (moral foundations) nach Jonathan Haidt, auf welchen die

Wertvorstellungen von Individuen oder ganzen Gesellschaften basieren (1), (2). Fürsorge meint im Kontext dieses Buches vor allem den Gesundheitsschutz der Bevölkerung, den die Regierung als Begründung für die Umsetzung teils höchst restriktiver Maßnahmen anführt. Freiheit meint umgekehrt das Bestreben nicht nur nach freier Berufsausübung oder der Möglichkeit, sich frei bewegen zu können und uneingeschränkt alle Menschen treffen zu können, die einem wichtig sind. Freiheit umfasst vielmehr auch die freie Meinungsäußerung und den freien Zugang zu allen Informationen und Erkenntnissen. Gerade diese beiden Dimensionen scheinen in der Debatte um COVID-19 eine besondere Rolle zu spielen und dazu zu führen, dass sich verschiedene Lager mit augenscheinlich unvereinbaren Haltungen bilden. Eines dieser Lager betrachtet die Fürsorge als höchstes Gut und gibt vor, durch die Ergreifung bestimmter Mittel das Wohlergehen der Bevölkerung sichern zu wollen. Es scheint die Fürsorge fast als Vorwand zu benutzen, um andere in ihrer Freiheit einschränken zu können. Ein anderes Lager stellt die Freiheit über die Fürsorge und reklamiert für sich, selbst entscheiden zu können, welche Maßnahmen angebracht seien – und sich nicht generell einschränken lassen zu wollen. Dieser Disput, der in der breiten Öffentlichkeit fast ausschließlich durch die Staatsmacht und damit Anhänger der Fürsorge dominiert wird, wird im vorliegenden Buch bezeichnet als ein Dilemma zwischen Fürsorge und Freiheit – wobei dieses Dilemma und die damit verbundene Dominanz der Obrigkeit nicht nur im Kontext von COVID-19 zu beobachten ist. Vergleichbare Dilemmata finden sich beispielsweise auch bei anderen Themen wie dem Gesundheitsschutz, dem Umweltschutz oder in der Klimadebatte.

Es ist nicht ohne weiteres möglich, ein solches Dilemma allein aus dem Blickwinkel der einen oder der anderen Werte-Dimension zu lösen. Vielmehr ist ein sorgfältiges Abwägen zwischen Fürsorge und Freiheit erforderlich – und hierfür bedarf es eines offenen und unvoreingenommenen Diskurses zwischen beiden Lagern. Dieser Dialog findet jedoch im Hinblick auf COVID-19 kaum statt. Es scheint, dass die Anhänger der Dimension Fürsorge deutlich überwiegen und zumindest die allgemeine Debatte dominieren.

Wie passt ein solch eindimensionales Vorgehen zu den Wertvorstellungen einer modernen Gesellschaft, die sich selbst als demokratisch und liberal bezeichnet? Welche Auswirkungen hat das damit verbundene durch die Obrigkeit demonstrierte Verhalten auf die Bevölkerung? Und wie könnten mögliche Ansätze aussehen, um solch einen Konflikt zu wandeln? Mit diesen Fragen befasst sich das vorliegende Buch.

Anmerkung zu gendergerechter Sprache
In diesem Buch wird bei Begriffen wie „Politiker" oder „Kritiker" die männliche Sprachform verwendet. Dies dient lediglich der besseren Lesbarkeit. Es sind jedoch ausdrücklich alle Geschlechter gemeint.

Einleitung

Jede Gesellschaft bezieht sich auf bestimmte Grundwerte, welche einen Großteil ihrer kulturellen Identität ausmachen (3). Wie fest diese Grundwerte in einer Gesellschaft verankert sind, zeigt sich nicht in Zeiten der Blüte und des Aufschwungs, sondern vor allem in Zeiten von Krisen und Konflikt. Maßgeblich ist hierbei insbesondere, wie anerkannte Personen des öffentlichen Lebens – in allererster Linie Politiker, aber auch fachliche Experten oder bekannte Persönlichkeiten aus der Kultur –, sich in herausfordernden Zeiten in Bezug auf die Wertvorstellungen einer Gesellschaft positionieren. Darüber hinaus spielen Institutionen wie Medien eine große Rolle im Umgang mit kulturellen Werten, denn sie haben die Möglichkeit, diese durch gezielte Kommunikation in eine bestimmte Richtung zu beeinflussen.

Seit vielen Jahren ist Diversität, also die Akzeptanz von Vielfalt in Bezug auf Herkunft, Religion, Geschlechteridentität und Glauben, aber auch in Bezug auf unterschiedliche Haltungen und Standpunkte, vor allem in westlichen Kulturen ein bedeutender Grundwert. Gibt man die Worte „Definition Menschenrechte" in die online Suchmaschine von Google ein, so resultiert als erster von über 1,2 Millionen Treffern die folgende Definition gemäß Oxford Wörterbuch: *„unabdingbares politisches Recht* *auf freie Entfaltung der Persönlichkeit in einem Staat"*. Dies ist in Deutschland bereits in Artikel 2, Absatz 1 des Grundgesetzes verankert. Des Weiteren heißt es in Artikel 3, Absatz 3 des Grundgesetzes: *„Niemand darf wegen seines Geschlechtes, seiner Abstammung, seiner Rasse, seiner Sprache, seiner Heimat und Herkunft, seines Glaubens, seiner religiösen oder politischen Anschauungen benachteiligt oder bevorzugt werden"* (4). Speziell die Meinungsfreiheit nimmt hierbei einen besonderen Stellenwert ein, siehe Artikel 5, Absatz 1 des Grundgesetzes: *„Jeder hat das Recht, seine Meinung in Wort, Schrift und Bild frei zu äußern und zu verbreiten und sich aus allgemein zugänglichen Quellen ungehindert zu unterrichten"* (4).

Die Bedeutung und Wichtigkeit von Vielfalt beispielsweise in der Arbeitswelt werden in Deutschland durch die Charta der Vielfalt von 2006 untermauert (5). Der Charta der Vielfalt zufolge hat *„... gelebte Vielfalt und Wertschätzung dieser Vielfalt (...) eine positive Auswirkung auf die Gesellschaft in Deutschland"*. Nach der Charta der Vielfalt gehören unter anderem Religion und Weltanschauung zu den Werten der sogenannten „Inneren Dimension" und sind damit eng verbunden mit der Persönlichkeit des Menschen. Die Charta der Vielfalt empfiehlt Arbeitgebern diesbezüglich: *„Respektieren Sie die Religion und Weltanschauung Ihrer Beschäftigten und gehen Sie wertschätzend damit um"*. Eine Empfehlung, die selbstverständlich auch außerhalb der Arbeitswelt Gültigkeit hat und entsprechend von Regierenden, aber auch den Medien, befolgt werden sollte. Schirmherrin der Charta der Vielfalt ist Bundeskanzlerin Angela Merkel, welches die Bedeutsamkeit von hochrangigen Personen aus der Politik bei der Verankerung kultureller Werte unterstreicht. Jedes Jahr im November findet in Berlin die Diversity-Konferenz in Kooperation mit dem Tagesspiegel statt. Dies stellt die Wichtigkeit von Medien im Zusammenhang mit der Positionierung von gesellschaftlichen Werten wie Diversität heraus.

Umso bedeutender ist, dass eben solche Persönlichkeiten und Institutionen gerade in Zeiten von Unruhe oder Konflikten an den Wertvorstellungen einer Gesellschaft weiter festhalten und diese aktiv vorleben. Sollten Werte wie Vielfalt in schwierigen Zeiten außer Acht gelassen oder gar abgelehnt werden, so lässt das die Schlussfolgerung zu, dass diese vormals nur Lippenbekenntnisse der politischen Amtsträger und Personen des öffentlichen Lebens waren. Der Umgang mit Diversität in Bezug auf unterschiedliche Standpunkte und Erkenntnisse im Kontext von COVID-19 wirft die Frage auf, wie stark die in Deutschland und anderen Nationen vielbeschworene Vielfalt tatsächlich wertgeschätzt wird und verschiedene Gesichtspunkte, aber auch anderslautende wissenschaftliche Expertisen, aktiv einbezogen werden.

Das vorliegende Buch beschreibt im ersten Teil exemplarisch, an welchen Stellen unterschiedliche

Positionen und Erkenntnisse im Zuge einer Herausforderung – hier am Beispiel von COVID-19 – in Deutschland sichtbar werden und wie damit in der Öffentlichkeit umgegangen wird. Hierbei wird Bezug genommen auf Arthur Schopenhauers Werk *„Die Kunst, Recht zu behalten"* von circa 1830 (6). In seiner Abhandlung beschreibt Schopenhauer verschiedene Techniken, sogenannte „Kunstgriffe", die es ermöglichen, recht zu behalten – selbst wenn derjenige, der eine These aufstellt, eigentlich im Unrecht ist.

Es wird sich im Folgenden zeigen, dass eine Vielzahl dieser Kunstgriffe im Hinblick auf COVID-19 von Machthabern aus Politik, Wissenschaft und Medien angewandt werden und damit anderslautende Auffassungen und Erkenntnisse ins Unrecht gesetzt werden. Liegt diesem Verhalten die Absicht zugrunde, keine Vielfalt zulassen zu wollen? Oder wie lässt es sich anderweitig begründen?

Im zweiten Teil dieses Buches werden entsprechend mögliche Erklärungen für die in Teil 1 beschriebenen Phänomene angeführt. Als Basis hierfür dient die Publikation *„Haben oder Sein – Die seelischen Grundlagen einer neuen Gesellschaft"* von Erich Fromm (7). Es zeigt sich, dass die bereits vor über 40 Jahren durch Erich Fromm beschriebenen Grundlagen einer Gesellschaft im Sinne der Existenzweise des Habens auch heute noch vorherrschend sind – und der Umgang mit COVID-19 ist hierfür ein deutliches Beispiel.

Doch Fromm zeigt seinem Werk auch alternative Ansätze auf und kommt bereits in seiner Einführung zu der Schlussfolgerung: *„Zum erstenmal in der Geschichte hängt das **physische Überleben der Menschheit von einer radikalen seelischen Veränderung des Menschen ab**"* (7 S. 23). Diese radikale seelische Veränderung liegt nach Fromm in einer Betrachtung der Dinge und der daraus folgenden Handlungen auf Basis der Existenzweise des Seins anstelle des Habens. Er postuliert, dass *„… nur durch einen tiefgreifenden Wandel des menschlichen Herzens eine neue Gesellschaft entstehen kann, …"* (7 S. 163). Welche potenziellen Konsequenzen der aktuelle Umgang mit COVID-19 hat und weshalb ein solcher Wandel dringend erforderlich ist, wird in Teil 3 des vorliegenden Buches aufgezeigt.

Nicht zuletzt stellt sich die Frage, wie ein gesellschaftlicher Konflikt wie der hier beschriebene zwischen Fürsorge und Freiheit behoben und darüber eine Transformation in eine unabhängige und selbstbestimmte Existenzweise erzielt werden kann. Auf mögliche Wege für einen solchen gesellschaftlichen Wandel wird im vierten Teil dieses Buches Bezug genommen.

Das vorliegende Buch hat nicht das Ziel, die schlussendliche Wahrheit über COVID-19 zutage zu fördern oder einer bestimmten Position diesbezüglich mehr Richtigkeit als einer anderen einzuräumen. Die Verbindung mit COVID-19 dient hier vielmehr als Beispiel für die derzeitige Entwicklung unserer Gesellschaft. Hauptanliegen dieses Buches ist entsprechend, den Umgang mit dem kulturellen Grundwert der Diversität in herausfordernden Zeiten aufzuzeigen und die für eine Demokratie unabdingbare Dialogfähigkeit zu erhalten beziehungsweise zu erneuern. Mit Hilfe der vorliegenden Abhandlung soll das Dilemma zwischen dem moralischen Grundpfeiler der Fürsorge versus dem der Freiheit beleuchtet und ein Gleichgewicht wieder hergestellt werden, das im Diskurs um COVID-19 und vermutlich bereits auch an anderer Stelle aus der Waage geraten ist. Analog des Grundsatzes des römischen Rechtes, „audiatur et altera pars", muss auch die Gegenseite einer Auseinandersetzung Gehör finden. Es ist jedoch erkennbar, dass sie es im Zusammenhang mit COVID-19 und auch anderen Themen kaum erhält.

An dieser Stelle ist in aller Klarheit herauszustellen, dass unterschiedliche Standpunkte in Bezug auf eine Thematik ihre Berechtigung haben und es auf beiden Seiten der Disputation nachvollziehbare Argumente gibt. Und auch die im Folgenden genannten Exempel für Techniken der Rhetorik, Propaganda und Meinungsmanipulation kommen durchaus auf beiden Seiten der Debatte um COVID-19 vor. Sie überwiegen jedoch in der Öffentlichkeit quantitativ deutlich auf Seiten der Machthaber, die fast ausschließlich Befürworter der Fürsorge sind.

Das heißt, diese Techniken finden vorwiegend Anwendung auf Seiten hochrangiger politischer Entscheidungsträger sowie anderer Persönlichkeiten des öffentlichen Lebens. Und sie werden wiederholt auch in der breiten Landschaft der sogenannten „Leitmedien" praktiziert. Daher wird in diesem Buch bewusst die Gegenposition eingenommen und die im Folgenden beschriebenen Phänomene aus der Perspektive derjenigen geschildert, die sich von den Maßnahmen der Regierung übergangen oder unterdrückt fühlen. Dieses Buch soll Impulse setzen, das dadurch entstehende Ungleichgewicht wieder in die Waage zu bringen und auch der Dimension der Freiheit Raum zu verschaffen. Und es soll darüber hinaus anregen, einen offenen Dialog trotz kontroverser Standpunkte zu ermöglichen und hierdurch Diversität erlebbar zu machen.

Oder anders ausgedrückt: nur eine aktiv gelebte Form der Vielfalt und der Wertschätzung anderer Sichtweisen ermöglicht, eine Spaltung zu vermeiden und eine gesellschaftliche Transformation zu erreichen.

TEIL 1 – Über den Umgang mit gesellschaftlichen Werten am Beispiel von COVID-19: Beschreibung der Situation

Bereits circa 1830 beschreibt Arthur Schopenhauer in seinem Werk *„Die Kunst, Recht zu behalten"* (6) verschiedene Techniken, die er als „Eritristische Dialektik" bezeichnet. Vereinfacht gesagt handelt es sich hierbei um eine Form der Rhetorik, die es über sogenannte „Kunstgriffe" ermöglicht, recht zu behalten – selbst wenn derjenige, der eine These aufstellt, eigentlich im Unrecht ist.

Es lässt sich beobachten, dass eine Vielzahl dieser Kunstgriffe in Bezug auf COVID-19 von Politikern, Wissenschaftlern, aber auch anderen Machthabern sowie den Medien angewandt werden. Was ist der Grund dafür? Sollen hierüber anderslautende Auffassungen und Erkenntnisse ins Unrecht gesetzt werden, um sich inhaltlich nicht mit ihnen befassen zu müssen? Oder verbirgt sich dahinter eine andere Motivation? Eine Antwort auf diese Fragen läge im Bereich der Spekulation. Doch selbst aus einer rein beschreibenden Perspektive ist die Schlussfolgerung zulässig, dass aufgrund der breiten Anwendung dieser Kunstgriffe durch hochrangige Personen des öffentlichen Lebens zumindest keine differenzierte Befassung mit COVID-19 stattfindet. Und dass hierüber nicht zuletzt auch der gesellschaftliche Wert der Vielfalt bedroht wird.

Kapitel 1 – Verleumdung

Persönlichwerden

„Wenn man merkt, daß der Gegner überlegen ist und man Unrecht behalten wird, so werde man persönlich, beleidigend, grob. Das Persönlichwerden besteht darin, daß man von dem Gegenstand des Streites (weil man da verlornes Spiel hat) abgeht auf den Streitenden und seine Person irgendwie angreift (…). Beim Persönlichwerden aber verläßt man den Gegenstand ganz, und richtet seinen Angriff auf die Person des Gegners: man wird also kränkend, hämisch, beleidigend, grob" (6 S. 89).

Diese Technik, die Schopenhauer als sogenannten „letzten Kunstgriff" beschreibt, findet sich immer wieder nicht nur in der direkten Konfrontation zwischen zwei Individuen, sondern auch im großen Stil in gesellschaftlichen Kontroversen. Als besonders fragwürdig kann sie betrachtet werden, wenn sie auf Seiten von Mehrheiten oder Obrigkeiten dazu dient, andersartige Anschauungen zu unterdrücken. In solchen Fällen werden gegenüber Minderheiten, die abweichende Auffassungen vertreten, abfällige oder sogar beleidigende Titulierungen eingesetzt. Gleichzeitig wird nicht auf die inhaltlichen Standpunkte dieser Personen eingegangen und eine thematische Befassung damit vermieden.

Im Zusammenhang mit COVID-19 bezeichnen vergleichsweise hohe politische Amtsträger wiederholt Menschen, die gegen die Anordnungen der Regierung demonstrieren, als „Corona-Leugner" oder manchmal sogar als „Covidioten". Eine sachliche Beschäftigung mit dem Gegenstand der Proteste findet nicht statt. Stattdessen werden diese Titulierungen von den breiten Medien aufgegriffen und somit untermauert, dass ein inhaltlicher Dialog nicht erwünscht scheint. Darüber hinaus ist die Richtigkeit der Bezeichnung als „Corona-Leugner" zu hinterfragen. Befasst man sich eingehender mit den Teilnehmern einer Demonstration, so stellt man fest, dass die Mehrzahl der Demonstranten nicht die Existenz des SARS-CoV-2 Virus leugnet. Es geht ihnen vielmehr um eine differenzierte Betrachtung der Maßnahmen und eine sorgfältige Erwägung der Verhältnismäßigkeit dieser – also die Abwägung von Fürsorge versus Freiheit. Anstelle dieses Diskurses wird jedoch in der Öffentlichkeit wiederholt Schopenhauers letzter Kunstgriff des Persönlichwerdens angewandt – also der inhaltliche Gegenstand verlassen und stattdessen die Person des Gegners angegriffen über hämische oder beleidigende Bezeichnungen. Schopenhauer hat dies nicht zufällig als „letzten Kunstgriff" in seinem Werk aufgeführt. Das Persönlichwerden ist das letzte Mittel, zu dem jemand greift, der sich in einer Debatte sowohl inhaltlich als auch rhetorisch unterlegen fühlt. Welchen Grund gibt es, dass dieses letzte Mittel im Kontext von COVID-19 so häufig Anwendung findet? Wäre es nicht eigentlich die Pflicht der Politik und Medien, eine breite sachliche Auseinandersetzung voranzutreiben, statt über die Ausgrenzung abweichender Positionen andere zu diskreditieren?

Und gäbe es überhaupt die aktuelle Form der vermeintlichen Mehrheit auf Seiten der Fürsorge, wenn eine ausgewogene Berichterstattung erfolgen würde?

Diffamierungen

Über das Persönlichwerden nach dem „letzten Kunstgriff" Schopenhauers hinaus hat die Titulierung von Menschen mit anderer Haltung als sogenannte „Covidioten" durch Machthaber und Medien noch eine weitere Dimension. Sie dient dazu, diese Individuen abzuwerten und nach Schopenhauer gemäß Kunstgriff 12 ein „… *Gleichnis gleich so (zu) wählen, daß es unsrer Behauptung günstig ist*" (6 S. 48). Ein Beispiel, das er hierfür in seinem Werk anführt, bezieht sich auf evangelische Christen: *„Der Name Protestanten ist von diesen gewählt, auch der Name Evangelische: der Name Ketzer aber von den Katholiken"* (6 S. 48). Die Bezeichnung als „Covidioten" ist auf Seiten der Obrigkeiten insofern günstig gewählt, als sie impliziert, dass diese Menschen nicht zurechnungsfähig seien oder intellektuell nicht in der Lage, die Situation zu beurteilen. Dies begünstigt wiederum die Behauptung, dass eine tiefere Befassung mit ihrer Position nicht zielführend sei.

Konsequenzmacherei

Weiterhin sind die genannten Diffamierungen als „Corona-Leugner" oder „Covidioten" geeignet als

Exempel für „Konsequenzmacherei" in Schopenhauers Kunstgriff 24: *„Man erzwingt aus dem Satz des Gegners durch falsche Forderungen und Verdrehung der Begriffe Sätze, die nicht darin liegen und gar nicht die Meinung des Gegners sind, hingegen absurd oder gefährlich sind ..."* (6 S. 61).

Wie bereits festgestellt, leugnet eine Vielzahl der Maßnahmenkritiker nicht die Existenz des SARS-CoV-2 Erregers oder der COVID-19 Erkrankung. Sie jedoch generell als „Corona-Leugner" zu bezeichnen unterstellt, dass sie alle grundsätzlich das Vorkommen des Virus oder der Krankheit anzweifeln und nicht zugänglich für einen offenen Austausch sind. Dies macht es erneut leicht, den Dialog mit ihnen zu unterbinden und sich nicht weiter inhaltlich mit ihren Forderungen auseinandersetzen zu müssen. Hat man außerdem noch das Ziel, die Bevölkerung über die Induzierung von Angst zu beeinflussen, dann wäre die Haltung angeblicher Leugner dieses als Pandemie bezeichneten Geschehens noch leichter als „absurd oder gefährlich" hinzustellen, wie von Schopenhauer in Kunstgriff 24 angeführt.

Warum geschieht dies in solch einer Breite und Nachhaltigkeit? Was ist der Grund dafür, dass sich nicht inhaltlich und im Diskurs mit unterschiedlichen Perspektiven zu den COVID-19 Maßnahmen auseinandergesetzt wird?

Eine mögliche Erklärung hierfür könnte sich aus dem Strategiepapier des Bundesinnenministeriums

(BMI) von April 2020 ableiten lassen. Darin heißt es beispielsweise: *„Um die gewünschte Schockwirkung zu erzielen, müssen die konkreten Auswirkungen einer Durchseuchung auf die menschliche Gesellschaft verdeutlicht werden: (...) Kinder werden sich leicht anstecken, selbst bei Ausgangsbeschränkungen, z.B. bei den Nachbarskindern. Wenn sie dann ihre Eltern anstecken, und einer davon qualvoll zu Hause stirbt und sie das Gefühl haben, Schuld daran zu sein, weil sie z.B. vergessen haben, sich nach dem Spielen die Hände zu waschen, ist es das Schrecklichste, was ein Kind je erleben kann"* (8). Das Bundesinnenministerium kommt in diesem Strategiepapier zu dem Schluss, dass man der Allgemeinheit permanent das sogenannte „worst case Szenario", also die schlimmstmöglich anzunehmenden Auswirkungen des Virus, vor Augen halten müsse.

Hat man demzufolge bewusst die genannte „gewünschte Schockwirkung erzielt" und damit einem Großteil der Bevölkerung Angst eingeflößt, so müsste schlussendlich auch die Haltung von Maßnahmenkritikern über die Bezeichnung dieser als Leugner des Erregers als „absurd oder gefährlich" dargestellt werden. Dies rechtfertigt dann in der Konsequenz auch Zwangsmaßnahmen der Regierung oder Behörden wie verschärfte Kontrollen bis in den privaten Bereich hinein, das Verhängen von hohen Strafen und auch Gewalttätigkeit von Polizei und Ordnungskräften gegenüber friedlichen Demonstranten. Darüber hinaus lässt es zu, eine Kultur des Denunziantentums aktiv zu etablieren. Verschiedene deutsche Städte haben eigens ein Formular auf ihrer Homepage veröffentlicht, mit dessen Hilfe Nachbarn gemeldet werden können, die gegebenenfalls in ihren privaten Räumlichkeiten gegen die COVID-19 Auflagen verstoßen. Hierdurch kann der Eindruck entstehen, dass eine bewusste Spaltung der Gesellschaft in Maßnahmenbefürworter und –gegner gezielt gefördert wird und dass eine Ausgrenzung eines Teils der Bevölkerung dazu dienen soll, diesen möglichst klein zu halten und es anderen zu erschweren, sich ihm anzuschließen.

Verhasste Kategorien und Diversion
Mit den Techniken des Persönlichwerdens und der Konsequenzmacherei eng verwandt und von Regierung, Medien und Personen des öffentlichen Lebens im Zusammenhang mit COVID-19 in ähnlicher Form eingesetzt wird Schopenhauers Kunstgriff 32: *„Eine uns entgegenstehende Behauptung des Gegners können wir auf eine kurze Weise dadurch beseitigen oder wenigstens verdächtig machen, daß wir sie unter eine verhaßte Kategorie bringen, wenn sie auch nur durch eine Ähnlichkeit oder sonst lose mit ihr zusammenhängt …"* (6 S. 80).

Dies geschieht im Rahmen von COVID-19 regelmäßig dadurch, dass diejenigen, die nicht mit den Maßnahmen konform gehen, unter eine beliebige und „verhasste" Kategorie des Extremismus oder Radikalismus gestellt werden: indem sie vergleichs-

weise als Rechtsextreme, Reichsbürger oder Rechts-
radikale bezeichnet werden. Auf wie viele Teilnehmer einer Kundgebung oder anderer Protestbewe-
gungen trifft dies jedoch tatsächlich zu? Legt man
die Berichterstattung und Bilder der Massenmedien
zugrunde, so scheint dies ein hoher Anteil zu sein.
Schaut man sich in den sogenannten „alternativen
Medien" einen Live-Stream einer großen Demonstration in Echtzeit an, wirkt es eher so, als ob die
Mehrheit aus dem bürgerlichen Spektrum stammt
ohne weitere politische oder anderweitig geartete
Ideologie. Sofern sich hierunter Bürger mit extre-
men Positionen befinden, scheinen diese nur einen
geringen Anteil darzustellen (hängen also analog
zu Schopenhauer nur „lose hiermit zusammen").
Dieser Anteil wird jedoch von regierenden Politikern und infolgedessen erneut von den breiten Medien in den Vordergrund gerückt, so dass beispielsweise von der ansonsten friedlichen Demonstration
am 29. August 2020 in Berlin fast ausschließlich
über die Erstürmung des Reichstags durch einige
wenige Demonstranten berichtet wird. Die dort tatsächlich aufgetretenen sogenannten Reichsbürger
werden mit den anderen Demonstranten in Verbindung gebracht, obwohl sie eigens eine separate
Kundgebung für diesen Tag angemeldet haben, die
nicht mit der Demonstration der COVID-19 Maßnahmenkritiker in Verbindung steht. Es gibt also inhaltlich tatsächlich nicht einmal den von Schopenhauer genannten losen Zusammenhang. Im Gegensatz hierzu behaupten einige Stimmen sogar, dass

die medienwirksame Erstürmung des Reichstags gegebenenfalls inszeniert oder zumindest von höherer Stelle gebilligt sei (9).

Hiermit soll keinesfalls eine inakzeptable Ausschreitung einzelner Kundgebungsteilnehmer verharmlost werden. Doch es stellt sich die Frage, weshalb eine vermutlich große Menge friedlicher Demonstranten ohne extreme politische Gesinnung als rechtsradikal oder dem rechten Spektrum zugeneigt bezeichnet wird? Dieses „unter eine verhasste Kategorie bringen" kann durchaus als Ablenkungstaktik verstanden werden, die erneut dazu dient, eine inhaltliche Auseinandersetzung mit den Forderungen der Protestbewegung zu vermeiden und es wiederum anderen erschwert, sich ihr anzuschließen.

Schopenhauer bezeichnet dies in seinem Kunstgriff 29 auch als Diversion: *„… d.h. (man) fängt mit einem Male von etwas ganz andrem an, als gehörte es zur Sache und wäre ein Argument gegen den Gegner"* (6 S. 68). Diese Diversion, das heißt, eine vorgeblich rechte politische Gesinnung als zur Sache der Maßnahmenkritiker gehörend zu betrachten, ist folglich sehr dienlich, um es als Argument gegen die Gegner verwenden zu können. Wenn hieraus die unzulässige Schlussfolgerung gezogen wird, die meisten Kritiker der COVID-19 Auflagen verkörperten eine rechte Ideologie, dann werden umgekehrt viele Menschen der Ansicht sein, dass nicht nur deren Argumente nicht ernst zu nehmen sind. Sie werden vielmehr auch einen ebenfalls unzulässigen Umkehrschluss ziehen: „Ich bin nicht rechts und möchte auch nicht von anderen in das rechte Spektrum eingeordnet werden. Daher darf ich mich dieser inhaltlichen Auffassung zu COVID-19 nicht anschließen und auch selbst keine Kritik an den Maßnahmen äußern."

Erweiterungen

Mit der Diffamierung als Extremisten einher geht häufig Schopenhauers Kunstgriff 1, die Erweiterung. Eine Erweiterung meint *„Die Behauptung des Gegners über ihre natürliche Grenze hinausführen, sie möglichst allgemein deuten, in möglichst weitem Sinne nehmen und sie übertreiben; ..."* (6 S. 29).

Um erneut einer inhaltlichen Beschäftigung mit alternativen Haltungen zu COVID-19 vorzubeugen und diese Standpunkte für neutrale Dritte möglichst inakzeptabel zu gestalten, verwenden Politiker und andere Institutionen wiederholt die Erweiterung „Verschwörungstheoretiker" oder „Verschwörungsideologen". Hier lässt sich das gleiche Phänomen beobachten wie weiter oben beschrieben in Bezug auf die Bezeichnung als Rechtsextreme. Folgt man der breiten Medienlandschaft, so werden dort immer wieder Zitate von Personen veröffentlicht, die hinter COVID-19 und den damit zusammenhängenden Verordnungen tatsächlich andere Hintergründe vermuten. Seriöse Wissenschaftler und Experten, die fachlich argumentieren und alternative Perspektiven vertreten, finden hier wenig

Beachtung. Sie kommen vorwiegend in den sozialen Medien zu Wort, sofern sie dort keiner Zensur unterliegen. Es bleibt daher die Frage, wie viele der Maßnahmenkritiker tatsächlich eine groß angelegte Verschwörung hinter COVID-19 vermuten – oder ob es nicht der Mehrheit von ihnen um eine sinnvolle Balance der Auflagen und einen öffentlichen Dialog hierzu geht. Die Titulierung als „Verschwörungstheoretiker" oder „Verschwörungsideologen" macht jedoch ihre Position per se angreifbar, da hierdurch vermeintlich alle Kritiker einem einheitlichen Irrglauben oder einem kollektiven Wahnsinn unterliegen und es demzufolge nicht wert sind, sich eingehender mit ihnen und ihrem Standpunkt zu befassen. Auch die Bezeichnung als „Aluhutträger" fällt in diese Kategorie der Erweiterung beziehungsweise Übertreibung.

Weshalb wird der Eindruck erweckt, dass diejenigen, die die Verhältnismäßigkeit von Maßnahmen kritisieren, generell nicht zurechnungsfähig seien und sich jeder sachlichen Argumentation entziehen? Die Central Intelligence Agency (CIA) empfiehlt in ihrem Dokument Nummer 1035-960 der US-Regierung bereits im April 1967, Propagandamittel einzusetzen, um die Angriffe von Kritikern im Zusammenhang mit der Ermordung des US-Präsidenten John F. Kennedy zu negieren (10). Diese Empfehlung der CIA scheint weltweit auf Interesse verschiedener Regierungen gestoßen zu sein und bis heute weiterhin Anwendung zu finden im

Umgang mit unliebsamen Fragen oder Zweifeln. Jedenfalls behauptet Bundeskanzlerin Angela Merkel im Dezember 2020 in Bezug auf COVID-19, dass es bei Anhängern solcher Denkmuster eine richtige Diskussionsverweigerung gebe, das übliche Argumentieren vermeintlich nicht helfe und dies eher eine Aufgabe für Psychologen sei (11). Hier schließt sich die Frage an, mit wie vielen Maßnahmenkritikern die Bundesregierung bereits einen tiefen inhaltlichen Diskurs geführt hat? Und ob es sich bei dieser Aussage nicht bereits um eine Form der Unterstellung handelt, die auf Seiten der Regierenden weniger eine Bereitschaft zur sachlichen Disputation denn zur Eskalation signalisiert? Diese Fragen können hier ebenfalls nicht abschließend beantwortet werden. Es bleibt jedoch festzustellen, dass neben dem Inhalt einer Botschaft auch die Art und Weise, wie etwas kommuniziert wird – einschließlich der Wortwahl – Aufschluss geben kann über die dahinter verborgene Haltung und gegebenenfalls auch Motive. So bezeichnet Angela Merkel während des ersten Lockdowns im April 2020 die Debatte um Lockerungen der Beschränkungen als „Öffnungsdiskussionsorgie" (12). Auch dies unterstreicht wiederum die Vermutung, dass wenig Interesse an einer umfassenden Berücksichtigung aller Perspektiven in Bezug auf COVID-19 besteht.

Ungültige Einwürfe
Eine im Zusammenhang mit COVID-19 ebenfalls häufig genutzte Variante der Diffamierung wird in

Schopenhauers Kunstgriff 28 beschrieben: „*Dieser ist hauptsächlich anwendbar, wenn Gelehrte vor ungelehrten Zuhörern streiten. (...) so macht man (...) einen ungültigen Einwurf, dessen Ungültigkeit aber nur der Sachkundige einsieht; ein solcher ist der Gegner, aber der Hörer nicht: er wird also in ihren Augen geschlagen, zumal wenn der Einwurf seine Behauptung irgendwie in ein lächerliches Licht stellt: zum Lachen sind die Leute gleich bereit; ...*“ (6 S. 66).

Neben der Position der breiten Medien, die fast ausschließlich die Auffassung der Regierung zu vertreten scheinen und ebenfalls keinen breiten Diskurs zulassen, stellt man Vergleichbares auch in der Kultur, hier vorwiegend im Kabarett, fest. Kabarett hat unter anderem einen wichtigen gesellschaftskritischen Auftrag und es wäre zu erwarten, dass demzufolge eine entsprechend differenzierte Auseinandersetzung bezogen auf den Umgang mit COVID-19 erfolgt.

Überraschenderweise ist jedoch festzustellen, dass nahezu alle Kabarettisten, die in den Massenmedien auftreten, eine gleichartige Auffassung in Bezug auf COVID-19 zu vertreten scheinen, die sich sehr eng an den Aussagen und Forderungen des Staatsapparates orientiert. Viele Kabarettisten belustigen sich im Gegenteil sogar immer wieder über Kritiker der Maßnahmen und bedienen sich damit Schopenhauers Kunstgriff 28. Hiermit unterstützen sie den von politischen Amtsträgern, Wissenschaftlern und breiten Medien vertretenen Standpunkt und ziehen gegenüber einem meist fachlich nicht versierten Publikum die Sichtweise der Gegner ins Lächerliche.

Was ist der Grund dafür, dass selbst sonst eher regierungskritische Kabarettisten fast ausschließlich auf einer Seite der Debatte zu stehen scheinen? Hat auch bei ihnen die oben beschriebene Induzierung der Angst gewirkt? Oder ist es vielleicht die Sorge, nicht mehr in den entsprechenden Medien auftreten zu dürfen, sofern sie eine andere Haltung einnehmen? Auch hier läge eine Antwort im Bereich der Spekulation. Augenfällig ist jedenfalls, dass selbst das Kabarett in der breiten Medienlandschaft im Kontext von COVID-19 keine große Vielfalt aufweist.

Wichtige Alternativen zu dem beschriebenen Vorgehen

Statt jedoch Kritiker mit Hilfe der verschiedenen Techniken der Verleumdung mundtot machen zu wollen, läge vielmehr ein differenzierter Dialog mit ihnen im Interesse aller Beteiligten. Entsprechend ist es die Aufgabe einer Regierung, gemeinsam mit Experten der verschiedensten Disziplinen zu prüfen, welches die Ursachen von SARS-CoV-2 und COVID-19 sind. Es ist wichtig, dies besser zu verstehen, um zukünftigen Ereignissen solcher Art vorbeugen zu können. Auch die Gefährlichkeit des Virus bedarf fortlaufender Untersuchungen unter Berücksichtigung der unterschiedlichen Positionen und jeweils neuesten Erkenntnisse, um die richtige

Strategie unter Abwägung aller Vor- und Nachteile ableiten zu können.

Paradoxerweise findet jedoch beispielsweise eine Studie des renommierten Nanowissenschaftlers Professor Roland Wiesendanger zum Ursprung des SARS-CoV-2 Erregers kaum Eingang in die Öffentlichkeit und wird stattdessen teils scharf kritisiert. Diese Studie zeigt zahlreiche und schwerwiegende Indizien auf, die dafürsprechen, dass es sich bei dem Ursprung des Virus um einen Laborunfall in der chinesischen Stadt Wuhan handelt (13). Wiesendanger kritisiert entsprechend auch die dahinterstehende Forschung an Viren, welche in solchen Laboratorien künstlich verändert werden und damit zum Beispiel erheblich ansteckender sind als in einem natürlichen Vorkommen. Eine solche Forschung findet in Wuhan unter anderem an Coronaviren statt. Unabhängig von dieser Studie aus Deutschland kommt auch der US-Forscher Steven Carl über vergleichbare Parameter zu der Erkenntnis, dass SARS-CoV-2 mit einer Wahrscheinlichkeit von 99,8 Prozent einem Labor entstammt (14).

Im Vorfeld solcher Analysen durch andere Experten oder Laien geäußerte Vermutungen über einen möglichen Laborursprung von SARS-CoV-2 werden jedoch wiederholt als „Verschwörungstheorien" abgetan und damit in oben beschriebener Weise diffamiert (15). Hiermit wird verhindert, dass bestehende Erkenntnisse um neue Einsichten bereichert werden und damit ein verbesserter Umgang mit Krisensituationen wie der unter COVID-

19 ermöglicht wird. Daher sind diese einseitigen Debatten, Handlungen und Berichterstattungen zwingend abzuschaffen und zu ersetzen durch eine wertschätzende Haltung unter ernsthafter Abwägung der verschiedensten Standpunkte und Empfehlungen. Dies gilt umso mehr, wenn restriktive Erlasse einer Regierung durch diese mit dem Grundwert der Fürsorge als moralisches Leitmotiv begründet werden. Denn gerade im Sinne der vermeintlichen Fürsorge und des Gesundheitsschutzes ist es unentschuldbar, sich einseitig zu positionieren, alternative Erklärungsmodelle zu ignorieren und dennoch Maßnahmen des Zwangs zu rechtfertigen.

Diese inhaltliche Kritik am Vorgehen der Regierung ist Ausdruck eines Mangels ihrer Funktion. Statt von Beginn an mit gebotener Offenheit einer Sachlage zu begegnen und alle möglichen Informationen zu Rate zu ziehen, wird teils fragwürden Thesen Folge geleistet. Darüber hinaus wird eine Datenerhebung fahrlässig versäumt, die wichtige und notwendige Erkenntnisse bezüglich COVID-19 hätte verschaffen können. Stattdessen setzt die Regierung auf eine einseitige Kampagne, die nach wie vor nicht evidenzbasiert ist.

Kapitel 2 – Irreführung

Schopenhauers Kunstgriff 2 besagt: *„Die Homonymie benutzen, um die aufgestellte Behauptung auch auf das auszudehnen, was außer dem gleichen Wort wenig oder nichts mit der in der Rede stehenden Sache gemein hat, (…) Homonyma (sind) zwei Begriffe, die durch dasselbe Wort bezeichnet werden. (…) Tief, Schneidend, Hoch, bald von Körpern bald von Tönen gebraucht sind Homonyma"* (6 S. 33). Ein Beispiel in Anlehnung an diesen Kunstgriff wäre, jemandem auf die Aussage „Es sollte keine gläsernen Aufzüge geben, denn viele Menschen haben Höhenangst" bewusst missverständlich zu entgegnen: „Wer empfindlich auf Höhe reagiert, der sollte sich mit Gehörschutz behelfen."

Der Infektionsbegriff

In der Debatte um COVID-19 lässt sich feststellen, dass der Begriff der Infektion zwar nicht als Homonym verwendet wird und somit nicht zwei unterschiedliche Dinge hierüber bezeichnet werden. Es stellt sich jedoch die Frage, ob der Infektionsbegriff einer gewissen Ausdehnung seiner eigentlichen Definition in der breiten öffentlichen Diskussion von Regierung, Wissenschaftlern und folglich auch den Medien unterliegt. Das Robert-Koch-Institut (RKI) definiert in dem eigens durch das RKI publizierten Fachwörterbuch Infektionsschutz von 2015 eine Infektion wie folgt: *Vorgang des Eindringens und der Entwicklung oder Vermehrung eines infektiösen Agens in einen Organismus mit der Folge einer symptomatischen oder asymptomatischen (aber nachweisbaren) Reaktion"* (16). Hiernach Bedarf es zunächst einmal des „Eindringens eines infektiösen Agens in einen Organismus", also im konkreten Fall des SARS-CoV-2 Virus in den menschlichen Körper. Weiterhin bedarf es einer „symptomatischen Reaktion", das heißt des Auftretens von Erkrankungssymptomen. Im Fall von COVID-19 wären dies beispielsweise Husten, Fieber, Schnupfen, Geruchs- oder Geschmacksstörungen (17). Alternativ kann es auch zu einer „asymptomatischen Reaktion" kommen, bei der keine erkennbaren Symptome der Erkrankung feststellbar sind. Viele der auf SARS-CoV-2 positiv getesteten Bürger zeigen tatsächlich keine Krankheitssymptome. Das RKI selbst geht in seinem Epidemiologischen Steckbrief zu SARS-CoV-2 und COVID-19 vom 19. April 2021 von einem Manifestationsindex von 55-85 Prozent aus (18). Im Umkehrschluss bedeutet dies, dass in 15-45 Prozent der Fälle keine klinische Symptomatik auftritt. Liegt dies ausschließlich an unterschiedlichen Untersuchungssituationen und Populationen, wie durch das RKI angenommen? Es bleibt zu beachten, dass im Fall einer asymptomatischen Reaktion gemäß der RKI-Definition des Infektionsbegriffs diese dennoch „nachweisbar" sein muss. Dieser Nachweis erfolgt im Rahmen von COVID-19 meist über den sogenannten PCR-Test, wobei jedoch die Ergebnisse dieser Testmethodik zumindest einer gewissen Interpretation bedürfen (19). Der eingesetzte PCR-

Test schein hoch sensitiv zu sein, das heißt, er ist in der Lage, auch noch sehr geringe Mengen des SARS-CoV-2 Erbgutes in einer Probe nachzuweisen (20). Je sensitiver ein Test ist, desto mehr erkrankte Personen werden durch ihn erkannt, also richtigerweise als positiv über diesen Test diagnostiziert. Gleichzeitig erhöht sich die Wahrscheinlichkeit für falsch-positive Befunde, wenn er nicht spezifisch genug ist (also fälschlicherweise auch bei einem gewissen Prozentsatz von Gesunden ein positives Ergebnis liefert). Fachlich versierte Kritiker des PCR-Tests vermuten, dass die angegebenen Infektionszahlen zu COVID-19 zum Teil ein Artefakt der Testungen sein könnten, die ihrer Auffassung nach einen zu hohen Anteil an falsch-positiv getesteten Proben beinhalten. Sie bemängeln unter anderem, dass bei der Auswertung der Laborproben zu viele Vermehrungszyklen des Virus-Erbgutes durchgeführt werden (angegeben über den sogenannten CT-Wert, den cycle threshold). Enthält das Testmaterial eine hohe Virenkonzentration, dann wird das Ergebnis bereits nach wenigen Vermehrungszyklen des Erbgutes positiv. Ein niedriger CT-Wert steht also für eine hohe Viruslast in der Probe. Umgekehrt gilt: je höher der CT-Wert, desto mehr Zyklen werden durchgeführt, bis die Probe positiv ist. Ein hoher CT-Wert entspricht folglich vielen Vermehrungszyklen und steht also gleichzeitig für eine geringe Menge an Virusmaterial in der Probe (21). Der Deutschen Apotheker Zeitung zufolge gelten dabei *"CT-Werte von >30 (...) als Hinweise auf eine niedrige,*

Werte von >35 auf eine sehr niedrige Viruskonzentra-tion" (22). Im Rahmen einer Studie aus dem Jahr 2020 wurde bei CT-Werten von >24 keine Zell-Infektiosität mehr beobachtet (23). Der Erfinder des PCR-Tests und Nobelpreisträger Kary Mullis gibt selbst an, dass man „mit einem PCR-Test fast alles in jedem finden könnte". Damit meint er nicht, dass dieser andere Viren als den SARS-CoV-2 Erreger detektiert. Er bezieht sich vielmehr ebenfalls darauf, dass dieser Test bei hohen CT-Werten noch kleinste Virusfragmente entdeckt. Analog hierzu vermerkt die Weltgesundheitsorganisation (World Health Organization, WHO) in einer Informationsnotiz vom 13. Januar 2021, dass schwach positive Testergebnisse mit entsprechend hohen CT-Werten vorsichtig zu interpretieren seien (24). Und auch eine Studie, die unter anderem im Auftrag der Johns Hopkins Universität durchgeführt wird, kommt zu dem Ergebnis, dass bei der Interpretation von RT-PCR-Tests für SARS-CoV-2-Infektionen Vorsicht geboten ist – insbesondere in einem frühen Stadium der Infektion (25). Diese bezieht sich jedoch ausschließlich auf das Phänomen falsch-negativer Testergebnisse und nicht auf das falsch-positiver. Ein im November 2020 bei der Fachzeitschrift Eurosurveillance eingereichtes Peer-Review liefert ein unabhängiges Fachgutachten zur Qualität des RT-PCR-Tests bezüglich des Nachweises von SARS-CoV-2 (26). Dieses Gutachten hat zehn wesentliche wissenschaftliche Fehler aufgezeigt, die erhebliche Konsequenzen für falsch-positive Testergebnisse haben können. Unter anderem wird von den Autoren bemängelt, dass zu viele CT-Zyklen durchgeführt werden und der PCR-Test außerdem nicht zwischen ganzen Viren und Virusfragmenten unterscheiden kann. Ein weiteres fehlendes wissenschaftliches Gütekriterium für valide Testergebnisse ist eine Standardprozedur, nach der alle Labore das gleiche Vorgehen bei der Testung umsetzen. Und schlussendlich zeigt das Gutachten Interessenkonflikte auf bei mindestens vier der Autoren des sogenannten „Corman-Drosten Paper". Zwei davon, Christian Drosten und Chantal Reusken, sind Teil des Redaktionsausschusses der Fachzeitschrift Eurosurveillance, die ihre Studie veröffentlicht hat. Das oben zitierte Peer-Review kommt schließlich zu dem Fazit, dass aufgrund dieser erheblichen Fehler der PCR-Test und die derzeitige Testmethodik als unbrauchbar zu bezeichnen sind. Die hier angeführte Arbeit unterstützt die Ansicht vieler Kritiker, dass die vorherrschende Unklarheit zum Umgang mit dem PCR-Test im Allgemeinen und dem CT-Wert im Besonderen die Infektionszahlen verfälschen und überhöhen könnte. Dies medizinisch zu beurteilen ist nicht Gegenstand dieses Buches. Es bleibt jedoch die Frage, weshalb keine einheitlichen Kriterien im Hinblick auf die Testmethodik inklusive der Anzahl der Vermehrungszyklen entwickelt werden. Die WHO empfiehlt in ihrer weiter oben genannten Informationsnotiz vom 13. Januar 2021, beim Fehlen klinischer

Symptomatik eine zweite Testung durchzuführen. Diese Empfehlung wird in Deutschland bis zur Fertigstellung des vorliegenden Buches Anfang Juni 2021 jedoch nicht umgesetzt. Beziehungsweise die Bundesregierung erteilt hierzu trotz mehrfacher Nachfrage des Journalisten Boris Reitschuster keine Auskunft (27). Beachtenswert ist in diesem Zusammenhang, dass das Verwaltungsgericht Wien am 24. März 2021 ein durch die Landespolizeidirektion Wien verhängtes Versammlungsverbot wieder aufhebt. Das Gerichtsurteil wird begründet unter anderem mit Verweis auf die aktuell mangelhafte wissenschaftliche Beurteilung der Seuchenlage, da die Wörter „Fallzahlen", „Testergebnisse" und „Fallgeschehen" sowie „Anzahl der Infektionen" seitens des Gesundheitsdienstes der Stadt Wien durcheinandergeworfen würden. Darüber hinaus werde auch in Österreich nicht die Anzahl der Infektionen und Erkrankten gemäß bereits zitierter WHO-Informationsnotiz zugrunde gelegt (28). Abgesehen von der Frage, warum hierzulande relevante WHO-Empfehlungen nicht umgesetzt werden, ist weiterhin unklar, weshalb auch kein CT-Schwellenwert definiert wird, um festzulegen, ab welcher Viruslast eine Probe als positiv zu bezeichnen ist. In Deutschland ist zwar geregelt, wie hoch der Fruchtanteil in einem Joghurt sein muss, um diesen als Fruchtjoghurt bezeichnen zu dürfen (29). Es ist aber nach wie vor nicht geregelt, wie hoch der Anteil des SARS-CoV-2 Erbgutes in einer Laborprobe sein muss, um diese als positiv bezeichnen zu können.

Letztendlich wäre zumindest unter dem Aspekt der Diversität und der Abwägung zwischen Fürsorge und Freiheit eine differenzierte Auseinandersetzung mit der Testmethodik in der Öffentlichkeit erforderlich. Stattdessen wird der Begriff der Infektion ohne tiefere Befassung mit seiner Definition weiterverbreitet und häufig sogar synonym mit dem der Erkrankung verwendet.

Des Weiteren kommen ab Frühjahr 2021 vermehrt sogenannte Antigen-Schnelltests und -Selbsttests auf Anraten der Bundesregierung zum Einsatz. Sie basieren laut dem Papier *„Corona-Schnelltest-Ergebnisse verstehen"* des Robert-Koch-Instituts (RKI) auf *„ ...dem Nachweis von viralem Protein in Abstrichen aus den Atemwegen"*. Die ursprüngliche Quelle auf den Seiten des RKI wurde aus dem Internet gelöscht, das Papier ist jedoch weiterhin auffindbar über die Mühlenkreiskliniken (30). Diese Tests sind noch im Dezember 2020 umstritten und selbst der regierungsnahe Virologe Professor Christian Drosten gibt an, dass man über erhöhte falsch Positivraten relativ viele Leute zu Unrecht in die Isolation bringen würde (31). Entsprechend ist auch einer Infografik aus dem eben zitierten RKI-Papier zufolge der Anteil der falsch positiven Testergebnisse bei ungezieltem Testen (also vergleichsweise bei der hochfrequenten Routinetestung von Personen ohne Erkrankungssymptome) deutlich höher als bei gezieltem Testen. Bei dieser Beispielrechnung des RKI ist noch nicht berücksichtigt, dass es eine Vielzahl an Selbst- und Schnelltests von verschiedenen Herstellern in entsprechend unterschiedlicher Qualität gibt, was sich wiederum auf die Aussagekraft der Testergebnisse auswirkt – ebenso wie die gegebenenfalls unsachgemäße Durchführung dieser durch Laien. Laut der Ärztezeitung wird aufgrund dessen die maximale klinische Sensitivität von Antigen-Schnelltests mit 80 Prozent in der Regel konservativer geschätzt als von den Herstellern angegeben (32). Trotz all dieser Limitierungen wird die Verwendung von Schnell- und Selbsttests teils als verpflichtende Verordnung für Unternehmen, Schulen oder die Gastronomie in den einzelnen Bundesländern erlassen. Hieraus resultiert eine breite Anwendung dieser Tests, ohne sich wiederum genauer mit ihren Einschränkungen und der Begrenztheit ihrer Resultate zu befassen. Des Weiteren werden auch die Risiken bei der Verwendung durch Laien nicht thematisiert, wie beispielsweise eine Verletzung der Rachen- oder Nasenschleimhaut bei der Durchführung des Abstrichs.

Weiterhin bleibt festzustellen, dass in der breiten Öffentlichkeit darüber hinaus kaum eine Einordung der sogenannten Infektionszahlen in Relation zur Anzahl der durchgeführten Tests erfolgt. Der Spiegel gibt hierzu an: *„In jedem Fall beeinflusst die Zahl der Corona-Tests aber die täglich gemeldeten Corona-Fallzahlen des RKI. Wenn deutlich mehr getestet wird, lassen sie sich nicht mehr direkt vergleichen, da*

mehr Tests automatisch dazu führen, dass absolut gese-
hen mehr Neuinfektionen entdeckt werden. So ist die
Zahl der Neuinfektionen in der Woche ab dem 16. März
(Kalenderwoche 12) von zuvor im Schnitt 889 Infektio-
nen pro Tag auf knapp 3140 gestiegen und hat sich somit
fast vervierfacht. Rechnet man mit den Zahlen der La-
bors, ist sie um gut das Dreifache gestiegen. Die Anzahl
der Tests hat sich gleichzeitig beinahe verdreifacht. Ein
Teil der nachgewiesenen Neuinfektionen ist demnach auf
die wachsende Testzahl zurückzuführen" (33). Dies gilt
in beide Richtungen, denn eine Befreiung geimpfter
und genesener Personen von der Testpflicht beeinflusst ebenfalls die Gesamtanzahl an Tests und wird
nicht in Relation zu den sinkenden Fallzahlen gesetzt (34). Dennoch wird weiter vor allem an dem
sogenannten „Inzidenzwert" als Hauptparameter
festgehalten, wenn es um den Beschluss restriktiver
Maßnahmen geht. Hierbei wird die 7-Tage-Inzi-
denz berechnet aus den gemeldeten Neuinfektionen der vergangenen sieben Tage pro 100.000 Ein-
wohner. Diese Berechnung erfolgt jedoch ungeach-
tet der Gesamteinwohnerzahl eines Kreises oder einer Stadt – das heißt, Gegenden mit einer niedrigen
Einwohnerzahl liegen schnell über den festgesetz-
ten Inzidenzschwellen, wenn eine einzelne Familie
oder Gruppe positiv getestet wird (35). Nicht berücksichtigt wird weiterhin auch hier die Gesamtanzahl der Testungen, sodass die Aussagekraft dieses Parameters deutlich begrenzt ist (36). Ein hierzu
durch einen Mathematikstudenten veröffentlichtes
Video auf YouTube wird innerhalb weniger Tage

wieder gelöscht. Dies ist ein weiteres Beispiel für die bereits an früherer Stelle genannte Zensur, welche im starken Widerspruch zu der im Grundgesetz verankerten freien Meinungsäußerung und ungehinderten Information aus öffentlichen Quellen steht. Darüber hinaus trägt ein solches Vorgehen wiederum nicht dazu bei, die Sachlage zu klären.

Es kann also abschließend gefolgert werden, dass der Infektionsbegriff aus den verschiedenen angeführten Gründen ausgedehnt wird und in der Konsequenz daraus mit hoher Wahrscheinlichkeit eine Überhöhung der Infektionszahlen vorliegt. Ein alternatives Vorgehen hierzu wäre die Entwicklung und Umsetzung einer differenzierten Teststrategie, welche zu einem realistischeren Bild des angenommenen Infektionsgeschehens führt. Hierbei ist von ungezieltem Testen abzusehen, welches wie beschrieben aus unterschiedlichen Gründen die Datenlage verzerren kann. Vielmehr sollte gezielt beim Auftreten von Krankheitssymptomen oder nachgewiesenem Kontakten zu Erkrankten getestet werden. Weiterhin bedarf es dringend der Festlegung eines allgemein gültigen Schwellenwertes bezüglich der CT-Zyklen bei der PCR-Testung, sodass ein positives Testergebnis aufgrund viraler Fragmente in der Probe ausgeschlossen werden kann. Darüber hinaus ist die Anzahl positiver Tests in der breiten Kommunikation in Relation zu setzen zu der Gesamtzahl aller durchgeführten Tests sowie auch der Inzidenzwert in einwohnerschwachen Gegenden anders einzuordnen als in Kreisen und Städten mit hoher Bevölkerungsdichte. Und schlussendlich bedarf es mehrerer Parameter statt der einseitigen Konzentration auf beispielsweise den Inzidenzwert, um ein Infektionsgeschehen vollumfänglich abbilden und die richtigen Konsequenzen ableiten zu können (37).

Der Pandemiebegriff
Zurückkommend auf Schopenhauers Kunstgriff 2 lässt sich feststellen, dass neben dem Infektionsbegriff auch der Begriff der Pandemie nicht als Homonym verwendet wird. Es kann jedoch auch hier die Frage aufgeworfen werden, ob er seit einigen Jahren ebenfalls einer gewissen Ausdehnung unterliegt. Im Jahr 2009 schwächt die Weltgesundheitsorganisation (WHO) die Definition der Pandemie ab, indem die Passage, in der eine beträchtliche Zahl von Toten Voraussetzung ist, gestrichen wird (38). Nach aktueller Definition gemäß Fachwörterbuch Infektionsschutz des RKI ist eine Pandemie „… *eine neu, aber zeitlich begrenzt in Erscheinung tretende, weltweite starke Ausbreitung einer Infektionskrankheit mit hohen Erkrankungszahlen und i.d.R. auch mit schweren Krankheitsverläufen"* (16). Von einer hohen Anzahl von Todesfällen ist hier nicht mehr die Rede, sodass folglich auch die Ausbreitung eines Erregers eher als Pandemie tituliert werden kann. Die gemäß RKI Definition geforderten „schweren Krankheitsver-

läufe" werden in Bezug auf COVID-19 unter anderem mit der hohen Auslastung beziehungsweise Überlastung der Intensivstationen verargumentiert. Krankenhäuser erhalten in Folge von COVID-19 eine Ausgleichszahlung der Bundesregierung für einen Kapazitätszuwachs bei den Intensivbetten. Diese Zahlung erfolgt nur dann, wenn die Quote freier Betten bei weniger als 25 Prozent liegt. Der Bundesrechnungshof kritisiert jedoch, dass das Bundesgesundheitsministerium nicht in der Lage ist, die tatsächliche Anzahl der Intensivbetten zu ermitteln (39). Und dass infolgedessen „unerwünschte Mitnahmeeffekte" aufgetreten seien, die nicht vertretbar sind und zu Lasten der Steuerzahler gehen. Darüber hinaus werden verschiedene restriktive Maßnahmen, wie beispielsweise die sogenannte „Corona-Notbremse" im April 2021, unter anderem mit einer Überlastung der Intensivstationen gerechtfertigt.

Analog zu der oben beschriebenen Anpassung des Pandemiebegriffs ändert die WHO im Zuge von COVID-19 die Definition von Herdenimmunität, also dem Schutz vor Ansteckung mit einer Erkrankung dadurch, dass bereits ein gewisser Prozentsatz der Bevölkerung immun gegen diese Krankheit ist (40). So ist in der WHO Definition vom 09. Juni 2020 noch angegeben, dass eine solche Herdenimmunität entweder durch Impfung oder durch frühere Infektionen erreicht werden kann (41). In der Fassung vom 13. November 2020 entfällt der

Passus der früheren Infektion und es wird sich bezüglich der Herdenimmunität ausschließlich darauf bezogen, dass diese durch Impfung erzielt werden kann (42).

Definition der Todesfälle

Schlussendlich kann ebenfalls hinterfragt werden, ob auch die Definition der Todesfälle unter COVID-19 in vergleichbarer Weise ausgedehnt wird wie der Infektions- oder der Pandemiebegriff. In die Statistik der Todesfälle fließen alle Personen ein, die nicht nur an, sondern auch mit COVID-19 verstorben sind. Das Robert-Koch-Institut (RKI) nimmt hierzu wie folgt Stellung: *„In die Statistik des RKI gehen die COVID-19-Todesfälle ein, bei denen ein laborbestätigter Nachweis von SARS-CoV-2 (direkter Erregernachweis) vorliegt und die in Bezug auf diese Infektion verstorben sind. Das Risiko an COVID-19 zu versterben ist bei Personen, bei denen bestimmte Vorerkrankungen bestehen, höher. Daher ist es in der Praxis häufig schwierig zu entscheiden, inwieweit die SARS-CoV-2-Infektion direkt zum Tode beigetragen hat. Sowohl Menschen, die unmittelbar an der Erkrankung verstorben sind („gestorben an"), als auch Personen mit Vorerkrankungen, die mit SARS-CoV-2 infiziert waren und bei denen sich nicht abschließend nachweisen lässt, was die Todesursache war („gestorben mit") werden derzeit erfasst"* (43). Dieser Definition zufolge könnte also eine Person mit einer Herz-Kreislauf-Erkrankung durch einen Herzinfarkt zu Tode gekommen sein – sofern sie vorab oder post mortem positiv auf SARS-CoV-2 getestet wird, geht sie in die Fallzahl der sogenannten „Corona-Toten" mit ein. Hinter jedem einzelnen Todesfall steckt ein persönliches Schicksal und trauernde Angehörige, denen tiefes Mitgefühl gebührt. Gleichzeitig hat die Gesellschaft ein Anrecht darauf, zu erfahren, wie gefährlich das SARS-CoV-2 Virus tatsächlich ist und wie viele Menschen an den Folgen von COVID-19 verstorben sind. Dies lässt sich aus den bisherigen Zahlen der Todesfälle nicht ableiten, da diese wie bereits beschrieben auch Individuen erfassen, die mit hoher Wahrscheinlichkeit anderen Todesursachen erlegen sind, jedoch mit dem Erreger infiziert waren. Im Rahmen einer Studie aus dem Frühjahr 2020 kommen der Bonner Virologe Professor Hendrik Streeck und seine Kollegen zu dem Ergebnis, dass die geschätzte Infektionssterblichkeit unter COVID-19 bei 0,36 Prozent liegt (44). Diese Studie wird in der Öffentlichkeit heftig kritisiert und es wird gegen die Forschergruppe sogar Strafanzeige erhoben wegen Betrugsvorwürfen, die sich schlussendlich jedoch nicht als haltbar erweisen (45), sodass die Staatsanwaltschaft keine Ermittlungen aufnimmt (46). Im Rahmen einer Analyse der Daten des Gesundheitsamtes Frankfurt bis Ende August 2020 kommen Professor Ursel Heudorf und Professor René Gottschalk zu dem Ergebnis, dass ihren Daten zufolge keine Übersterblichkeit unter COVID-19 vorliegt (47). Der Leiter des Frankfurter Gesundheitsamtes und seine ehemalige Stellvertreterin sehen sich hierfür ebenfalls harscher Kritik in der Öffentlichkeit ausgesetzt, auch wenn sie eigenen Angaben zufolge COVID-19 durchaus ernst nehmen (48). Für das Gesamtjahr 2020 sieht auch das Statistische Bundesamt keine deutliche Übersterblichkeit in Deutschland (49). Die Ergebnisse von 154 in Deutschland durchgeführten Obduktionen von verstorbenen COVID-19-Patienten bestätigen, dass bei einem schweren Verlauf der Erkrankung diese in mehr als 75 Prozent der Fälle auch die Todesursache ist (50). Die obduzierten Patienten litten in der Mehrzahl an wesentlichen Begleiterkrankungen, die ihren Tod mitverursacht haben könnten. Dies bestätigen auch die Befunde des Hamburger Rechtsmediziners Professor Klaus Püschel, der Entgegen der Empfehlungen des Bundesgesundheitsministeriums regelhaft Obduktionen an verstorbenen Patienten vornimmt, welche mit SARS-CoV-2 infiziert waren. Er kommt zu dem Ergebnis, dass alle Verstorbenen an Vorerkrankungen litten wie Bluthochdruck, Herzinfarkten, Arteriosklerose oder Herzschwäche (51). Wie sieht es jedoch aus bei Patienten mit einem leichteren Erkrankungsverlauf oder gar einer symptomfreien Infektion, die ebenfalls in die Statistik der Todesfälle mit eingehen? Bis dato wird keine repräsentative Stichprobe der durch das RKI veröffentlichten sogenannten „Corona-Toten" regelhaft einer Obduktion unterzogen, um die zugrundeliegende Todesursache zu verifizieren. Der Bundesverband Deutscher Pathologen e.V. wendet sich daher im August 2020 in einem Brief an das Bundesgesundheitsministerium und fordert eine Revision der bestehenden

Obduktionsvereinbarung, um die Quote der Obduktionen zu erhöhen und auch Patienten mit leichteren Krankheitsverläufen einschließen zu können (52). Dieser Aufforderung wird jedoch bisher nicht nachgekommen (53). Weshalb besteht kein Interesse daran, die tatsächliche Sterblichkeitsrate unter COVID-19 zu ermitteln? Erneut führt die Erweiterung der Definition der Todesfälle ebenso wie die des Infektionsbegriffs dazu, dass deutlich höhere Fallzahlen angegeben werden können als bei einer konservativeren Betrachtung. Hierdurch könnte der Eindruck erweckt werden, das Virus sei stärker verbreitet und gefährlicher, welches in der Folge die Bezeichnung als Pandemie rechtfertigt.

Auch eine Einordnung der Todesfälle in Korrelation mit dem Lebensalter erfolgt nur begrenzt in der allgemeinen Debatte. Die Zahlen des Robert-Koch-Instituts (RKI) aus 2020 zeigen, dass 89 Prozent der an oder mit COVID-19 verstorbenen Personen 70 Jahre oder älter waren (54). Dem Leiter des Instituts für Rechtsmedizin am Universitätsklinikum Hamburg-Eppendorf, Professor Benjamin Ondruschka, zufolge waren die eindeutig an den Folgen von COVID-19 verstorbenen Patienten seines Instituts im Durchschnitt 82 Jahre alt (55). Zu beachten ist hierbei, dass die durchschnittliche Lebenserwartung in Deutschland laut Statistischem Bundesamt im Februar 2021 für Männer bei 78,6 Jahren liegt und für Frauen bei 83,4 Jahren (56). Ebenfalls erfolgt keine Einordnung der Häufigkeit von COVID-19 als Todesursache im Vergleich zu anderen Erkrankungen in der Öffentlichkeit. Der Tagesspiegel kommt nach Analysen verschiedener Statistiken – unter anderem aus Quellen des Statistischen Bundesamtes – zu der Erkenntnis, dass die mit Abstand häufigste Todesursache in Deutschland im Jahr 2018 auf Herz-Kreislauf-Erkrankungen zurückzuführen ist (345.274 Menschen), gefolgt von Krebs (238.345 Menschen) und Erkrankungen des Atmungssystems (71.719 Menschen) (57). Dem Robert-Koch-Institut (RKI) zufolge sind innerhalb eines Jahres, das heißt bis zum 28. Februar 2021, in Deutschland insgesamt 70.045 Menschen an oder mit COVID-19 gestorben (58). Im Gegensatz hierzu ist laut Statistischem Bundesamt die Anzahl der an sonstigen Erkrankungen des Atmungssystems verstorbenen in 2020 erheblich zurückgegangen (59). Wie bereits weiter oben erwähnt lässt sich für diejenigen, die mit COVID-19 verstorben sind die genaue Todesursache als Folge von COVID-19 nicht einwandfrei ableiten. Doch selbst unter der Annahme, dass alle diese Personen an den Folgen von COVID-19 verstorben wären, sind andere Todesursachen immer noch als deutlich häufiger zu verzeichnen. Und COVID-19 scheint die „sonstigen Atemwegserkrankungen" als dritthäufigste Todesursache in Deutschland in vergleichbarer Höhe abgelöst zu haben. Auch dies findet keine Beachtung in der allgemeinen Debatte. Ebenso wenig wie die Hinweise, dass gerade im Zuge der ersten Welle im Frühjahr 2020 ein nicht unerheblicher Anteil der

COVID-19 Patienten nicht nur in Folge von Begleiterkrankungen, sondern gar durch eine überhöhte Dosierung des Malariamedikamentes Chloroquin verstorben sein könnte (60). Darüber hinaus kritisieren Lungenfachärzte auch die mechanische Beatmung selbst als Faktor für eine erhöhte Sterblichkeit (61). Dem Pneumologen Thomas Voshaar, Chefarzt der Lungenklinik im Krankenhaus Bethanien in Moers, zufolge ist eine invasive Beatmung der Patienten in vielen Fällen gar nicht nötig und sogar kontraproduktiv (62). All dies wird in der Öffentlichkeit nach wie vor wenig thematisiert. Einerseits werden weiterhin der Gesundheitsschutz als höchstes Gut postuliert und unter der Vorgabe der Fürsorge erhebliche Einschränkungen der Freiheit erzwungen. Andererseits wird jedoch ein alternatives Vorgehen kaum diskutiert. Es besteht ein hohes allgemeines Interesse daran, die Gefährlichkeit von SARS-CoV-2 und COVID-19 zu erforschen und darüber auch einen angemessenen Umgang mit dem Virus sicherzustellen. Regelhafte Obduktionen an einer repräsentativen Stichprobe derjenigen, die nach aktuellen Angaben „an oder mit" COVID-19 verstorben sind, wären zwingend erforderlich, um einerseits gezielte Maßnahmen für den Umgang mit Risikogruppen ergreifen zu können und andererseits auch die Behandlung der Patienten weiter zu verbessern. Es ist für viele Laien und auch Experten nicht nachvollziehbar, weshalb auf Seiten der Regierenden kein verstärktes Interesse an der Erforschung des Erregers und der durch ihn ausgelösten

Erkrankung sowie der Wirksamkeit von Verordnungen zu bestehen scheint.

Was ist der Grund für die hier beschriebenen Erweiterungen der Begriffe Infektion, Pandemie und Todesfälle? Wie kann es sein, dass diese auch nach über einem Jahr noch einer breiten Ausdehnung unterliegen und damit eine Erhöhung der Fallzahlen in Kauf genommen wird? Woher kommt das fehlende Interesse daran, die Daten zu Infektionen und Todesfällen besser zu verstehen? Und worin ist begründet, dass keine Einordnung der Todesfälle in Bezug auf Daten wie Lebensalter oder andere Todesursachen erfolgt? Tatsächlich ist es vielmehr so, dass in politischen Ansprachen und der breiten Berichterstattung meist ganz selbstverständlich von „Corona-Toten" die Rede ist und keine weitere Einordung in „gestorben an" versus „gestorben mit" erfolgt. In dem bereits weiter oben zitierten Strategiepapier des Bundesinnenministeriums heißt es unter anderem *„Bei einer prozentual unerheblich klingenden Fallsterblichkeitsrate, die vor allem die Älteren betrifft, denken sich viele dann unbewusst und uneingestanden: „Naja, so werden wir die Alten los, die unsere Wirtschaft nach unten ziehen, wir sind sowieso schon zu viele auf der Erde, und mit ein bisschen Glück erbe ich so schon ein bisschen früher"* …". Hieraus abgeleitet müsste also eine hohe Anzahl von Infektionen und vor allem Todesfällen die in diesem Strategiepapier gewünschte Schockwirkung auf die Bevölkerung unterstützen. Es kann davon ausgegangen werden,

dass Menschen eher bereit sind, massive Einschränkungen zu akzeptieren, wenn sie um ihre Gesundheit oder gar um ihr Leben fürchten. Soll also über
eine eher breite Auslegung der Begriffe wie Infektion und Pandemie sowie einer Ergänzung der Todesfälle um diejenigen, die zwar nicht an, aber mit
COVID-19 verstorben sind, die Durchsetzung teils
sehr restriktiver Maßnahmen erleichtert werden?
Die Welt am Sonntag veröffentlicht am 07. Februar
2021 einen internen Schriftverkehr zwischen dem
Bundesinnenministerium und dem Robert-Koch-
Institut (RKI) aus März 2020. Daraus geht hervor,
dass das Innenministerium das RKI und andere
Einrichtungen aufgefordert hat, ein Rechenmodell
zu erstellen, über das harte COVID-19 Verordnungen gerechtfertigt werden könnten (63). Als Resultat dieser internen Abstimmung wird innerhalb von
nur vier Tagen das bereits weiter oben genannte
Strategiepapier des Bundesinnenministeriums entwickelt, welches das geforderte und durch das RKI
berechnete „worst case Szenario" enthält. Hierüber
lassen sich – wie seitens des Ministeriums gewünscht – stark einschränkende Auflagen besser
rechtfertigen und Argumente auf Seiten der Fürsorge herausstellen, die gegen die Verfechter der
Freiheit eingesetzt werden.

Mund-Nase-Bedeckungen
Beispielsweise finden Menschen, die für eine freie
Berufsausübung plädieren, da sie sich mit großen

finanziellen Einbußen konfrontiert sehen, in der Öffentlichkeit entsprechend wenig Gehör. Und auch diejenigen, die dem Einsatz von Mund-Nase-Bedeckungen, den sogenannten „Masken", kritisch gegenüberstehen, werden wenig beachtet oder gar mit Hilfe der in Kapitel 1 angeführten Kunstgriffe ins Unrecht gesetzt. Auch im Hinblick auf das Tragen von Masken soll hier nochmal im weitesten Sinne Bezug genommen werden auf die Homonymie aus Schopenhauers Kunstgriff 2. So wie möglicherweise dem Erreger SARS-CoV-2 durch Erweiterung der Definitionen von Infektion oder Pandemie und der Anzahl der Todesfälle eine erhöhte Gefährlichkeit zugeschrieben wird, scheint andererseits dem Tragen einer Maske ein erhöhter Sicherheitsaspekt zugeschrieben zu werden. Dies erinnert darüber hinaus noch an die Behauptung, also Kunstgriff 3 nach Arthur Schopenhauer: *„Die Behauptung, welche beziehungsweise, (…), relative aufgestellt ist, nehmen, als sei sie allgemein, (…), absolute aufgestellt, (…)"* (6 S. 37).

Mund-Nase-Bedeckungen bieten nach heutigem Erkenntnisstand einen gewissen (also relativen) Schutz vor einer Infektion mit SARS-CoV-2, da ein Teil der Viren hierdurch abgehalten werden kann. Eindeutige wissenschaftliche Erkenntnisse aus randomisiert-kontrollierten Studien gibt es hierzu bis dato jedoch nicht. Die Autoren eines im November 2020 veröffentlichten Cochrane Reviews haben 67 randomisierte Studien ausgewertet und kommen zu dem Ergebnis, dass das Tragen von Masken keine deutliche Schutzwirkung vor Grippe oder grippeähnlichen Infekten bietet (64). Vergleichbare Untersuchungen in Bezug auf COVID-19 existieren bisher kaum. Ein Review von insgesamt 19 randomisiert-kontrollierten Studien zur Wirksamkeit von Masken und anderen Maßnahmen kommt zu dem Ergebnis, dass einigen Studien zufolge Masken einen möglichen Schutz vor einer Infektion mit SARS-CoV-2 bieten, anderen Studien zufolge Masken alleine jedoch keine Wirksamkeit zeigen (65). Eine randomisiert-kontrollierte Studie, die im Frühjahr 2020 in Dänemark zur Wirksamkeit des Tragens chirurgischer Masken in der Öffentlichkeit durchgeführt wird, kann keinen signifikanten Unterschied in der Infektionsrate zwischen der Gruppe der Maskenträger versus der Nicht-Träger nachweisen. Die Ergebnisse sprechen für eine geringe Schutzwirkung von chirurgischen Masken gegen eine Infektion mit SARS-CoV-2 (66). Dennoch sind ebendiese chirurgischen Masken im Zuge des zweiten Lockdowns im Herbst und Winter 2020/2021 gemäß der entsprechenden „Corona-Verordnungen" in der Öffentlichkeit verpflichtend zu tragen. Einzige zugelassene Alternative zu den medizinischen Masken sind im Rahmen dieses zweiten Lockdowns sogenannte FFP2-Masken (FFP steht hierbei für das englische „filtering face piece"). Diese partikelfiltrierenden Halbmasken sind Gegenstände der persönlichen Schutzausrüstung (PSA) im Rahmen des Arbeitsschutzes (67). Sie sind ursprünglich als sogenannte „Staubschutz-masken" aus dem Bereich des Handwerks bekannt und schützen ihre Träger vor allem vor Partikeln, Tröpfchen und Aerosolen. Jedoch werden sie standardmäßig nicht darauf getestet, ob sie vor Erregern wie dem SARS-CoV-2-Virus schützen. Der Spitzenverband der Deutschen Gesetzlichen Unfallversicherung (DGUV) empfiehlt für die Nutzung von FFP-Masken ohne Ausatemventil in seiner DGUV Regel 112-190 eine maximale Tragezeit von 75 Minuten mit einer anschließenden Erholungsdauer von 30 Minuten (68). Diese Empfehlung findet allerdings keinen Eingang in die öffentliche Kommunikation – ebenso wenig wie die Tatsache, dass FFP2-Masken und auch medizinische Masken nur zur einmaligen und zeitlich begrenzten Verwendung vorgesehen sind. Um im günstigsten Fall durch das Tragen von Mund-Nase-Bedeckungen zumindest einen wie weiter oben beschriebenen relativen Schutz erzielen zu können, ist jedoch mindestens ein korrekter Umgang in der Nutzung der Masken erforderlich, sowohl was das An- und Ablegen derselben als auch Aufbewahrung, Reinigung, Wechsel und so weiter betrifft. Bei einem nicht fachgerechten Umgang ist davon auszugehen, dass nicht nur der mögliche Schutzeffekt weiter eingeschränkt wird – es könnten zusätzlich auch andere Infektionen durch eine kontaminierte Maske entstehen (69). Darüber hinaus zeigt eine randomisierte Studie an gesunden Erwachsenen aus dem Jahr 2020, dass sowohl chirurgische Masken und stärker noch FFP2-Masken negative Effekte haben auf kardiopulmonale Parameter wie den Atemwiderstand (70). Diese Beeinträchtigungen zeigen sich in Ruhe als auch unter körperlicher Belastung, weshalb die Autoren eine Berücksichtigung ihrer Daten für die Beschlussfassung bezüglich des Tragens von Masken empfehlen.

All diese Aspekte finden jedoch erneut wenig Beachtung in der allgemeinen Debatte. Vielmehr wird die Wirksamkeit der Mund-Nase-Bedeckungen in politischen Diskussionen und den Medien tendenziell erhöht, indem sie eher als allgemein, also nach Schopenhauer „absolut", positioniert wird. Über die Begrenztheit in der Wirksamkeit dieser Masken wird wenig berichtet. Dies kann dazu führen, dass Menschen sich durch das Tragen einer Mund-Nase-Bedeckung in vermeintlicher Sicherheit wiegen und gegebenenfalls dadurch andere angeordnete Maßnahmen (wie das Einhalten von Sicherheitsabständen) vernachlässigen.

Neben der Erhöhung der Schutzwirkung von Masken über eine absolute Darstellung ihrer Wirksamkeit findet darüber hinaus kein öffentlicher Diskurs über mögliche Gesundheitsrisiken derselben statt. Hierbei sind nicht nur mögliche negative Auswirkungen auf ältere Personen oder Menschen mit Vorerkrankungen wie bestimmten Herzleiden oder eingeschränkter Lungenfunktion zu beachten. Das Universitätsklinikum Leipzig kommt in einer Untersuchung zu dem Fazit, dass das Tragen eines

Mund-Nasen-Schutzes auch die körperliche Belastbarkeit von Gesunden vermindert (71). Somit wäre mindestens zu hinterfragen, welche physischen Auswirkungen die längere Tragedauer von Masken auf Personen in Berufsfeldern wie dem Handel oder der Gastronomie hat. Des Weiteren sind die Konsequenzen des Maskentragens für Kinder bis dato nicht hinreichend untersucht. Es gibt verschiedene Studien, die nachteilige Effekte von erhöhten CO_2-Werten in der Raumluft auf die Gesundheit von Kindern nachweisen. Beispielsweise zeigt eine Studie an 49 kanadischen Inuit-Kindern unter 5 Jahren einen signifikanten Zusammenhang der CO_2-Konzentration in der elterlichen Wohnung mit erhöhtem Auftreten von tiefen Atemwegsinfektionen (72). Einige Kinderärzte warnen entsprechend davor, dass es zu Beeinträchtigungen bei Kindern kommen könnte in Folge des Tragens von Mund-Nase-Bedeckungen. So hat der Kinderarzt Eugen Janzen eigene Blut- und Urinuntersuchungen bei mehr als 20 Kindern durchgeführt, die unter Beschwerden litten, um hormonelle Veränderungen aufgrund des Maskentragens zu dokumentieren. Er hat hierbei eigenen Angaben zufolge bei ca. 90 Prozent der Kinder einen Anstieg der sogenannten „Stresshormone" Noradrenalin und Adrenalin beobachtet, die in der Nebennierenrinde produziert werden (73). Des Weiteren haben sich zwei Fachärzte für Kinderheilkunde und Jugendmedizin im September 2020 in einem offenen Brief „Wider die

Maskenpflicht an bayerischen Schulen" an die Landesregierung Bayern gewandt (74). Sie möchten damit ihrer Sorge aufgrund der in Bayern im Hinblick auf COVID-19 an Schulen und Kindertagesstätten ergriffenen und angekündigten Maßnahmen Ausdruck verleihen. Insbesondere äußern auch diese beiden Kinderärzte große Bedenken hinsichtlich des Tragens von Masken und der damit verbundenen negativen Auswirkungen auf Kinder und Jugendliche. Hierbei verweisen sie auf eine Übersichtsarbeit zu Masken bei Kindern aus dem Jahr 2011, die mögliche Nebenwirkungen wie erhöhten Atemwiderstand, Wärme- und Feuchtigkeitsansammlung, CO_2-Rückhaltung, Klaustrophobie und Angstzustände aufzeigt (75).

Trotz der nicht eindeutigen beziehungsweise mangelnden Datenlage werden Menschen, die die Sicherheit der Masken in Frage stellen oder gar anführen, dass diese auch gesundheitliche Risiken bergen könnten, in der Allgemeinheit wiederum als leichtsinnig, illoyal oder gar unsozial bezeichnet – da ja der Schutz durch eine Mund-Nase-Bedeckung wie bereits angeführt insgesamt eher als absolut und nicht als relativ dargestellt wird. Gerade in Verbindung mit dem Maskentragen ist zu beobachten, dass sich die Strategie der Regierung hier im Laufe der Zeit mehrfach geändert hat. Zunächst wird die Wirksamkeit textiler Mund-Nase-Bedeckungen in Frage gestellt. Dann wird das Tragen ebendieser Masken angeordnet und keine Zweifel an der Wirksamkeit zugelassen. Nach einigen Monaten werden genau diese Textilmasken als nicht mehr ausreichend angesehen und ausschließlich das Tragen von medizinischen oder FFP2-Masken angeordnet. Die konkrete Evidenz dafür, ob und unter welchen Umständen Masken eine Wirksamkeit zeigen und welche negativen Effekte das Tragen ebendieser haben kann, fehlt jedoch nach wie vor.

Darüber hinaus bleibt die Frage, weshalb Personen und Gruppierungen, die von Beginn an genau diese offensichtlich berechtigten Zweifel äußern, weiterhin nicht gehört werden. Viele sehen sich im Gegenteil sogar erheblichen Diffamierungen ausgesetzt infolge der verbreiteten Annahme, eine Maske schütze nicht nur die Träger selbst, sondern vor allem auch andere Menschen in deren Umgebung. Dies erhöht nicht nur die Argumentation pro Mund-Nase-Bedeckung, sondern lässt diejenigen auch als egoistisch und unsozial gelten, die die Sinnhaftigkeit dieser Anordnung anzweifeln – da sie ja zumindest andere schützen sollten, wenn sie ihrer eigenen Gesundheit gegenüber vermeintlich gleichgültig dastehen. Hierbei handelt es sich jedoch um ein falsch verstandenes Bild der Solidarität. Gelebte Solidarität äußert sich unter anderem darin, dass man „... *unbedingtes Zusammenhalten mit jemandem aufgrund gleicher Anschauungen und Ziele"* zeigt (76). Solidarität meint nicht, dem anderen die Verantwortung für persönliche Lebensentscheidungen oder die eigene Gesundheit abzunehmen.

Das hier beschriebene Vorgehen ist nicht gleichzusetzen, jedoch eng verwandt mit Schopenhauers Kunstgriff 13: *„Um zu machen, dass er einen Satz annimmt, müssen wir das Gegenteil dazu geben (…) und dies Gegenteil recht grell aussprechen, so daß er, um nicht paradox zu sein, in unsern Satz eingehn muß, der ganz probabel dagegen aussieht. … Z.B. Er soll zugeben, daß Einer Alles tun muß, was ihm sein Vater sagt; so fragen wir: «Soll man in allen Dingen den Eltern ungehorsam oder gehorsam sein?"* (6 S. 50). In der Debatte um COVID-19 scheint sich analog alles auf die Frage zu verkürzen „Wollen wir alle gesund sein oder sterben?". Dies erinnert darüber hinaus an Kunstriff 23: *„Der Widerspruch und der Streit reizt zur Übertreibung der Behauptung"* (6 S. 60).

Es reicht also nicht aus, allein die vermeintlich positiven Konsequenzen von Maßnahmen (wie die Erhaltung der eigenen Gesundheit) zu postulieren. Auch das Gegenteil wird analog zu Schopenhauer „recht grell ausgesprochen", zum Beispiel über die Schilderungen von dramatischen Folgen wie dem qualvollen Tod der Eltern in dem bereits zitierten Strategiepapier des Bundesinnenministeriums. Selbstverständlich würde jeder, wenn er direkt danach gefragt wird, einräumen, dass dies nicht gewünscht ist.

Bemerkenswert ist, dass nach wie vor Hinweise auf eine limitierte Wirksamkeit von Masken oder anderen Interventionen keine Beachtung finden in der breiten Öffentlichkeit. So beschließen die beiden benachbarten US-Bundesstaaten North Dakota und

South Dakota auf dem Hochpunkt der Infektionszahlen im November 2020 ein unterschiedliches
Vorgehen. In North Dakota wird eine landesweite
Maskenpflicht verordnet, in South Dakota werden
keine nennenswerten Interventionen auf Staats-
ebene verabschiedet. Nichtsdestotrotz entwickelt
sich das Infektionsgeschehen in beiden Staaten
gleichermaßen rückläufig (77). Auch dieses Phänomen findet keinen Eingang in die öffentliche Debatte und Abwägung der COVID-19 Erlasse. Neben
solchen Beobachtungen hinsichtlich des unterschiedlichen Umgangs verschiedener Länder oder
Bundesstaaten mit dem Virus und dem fehlenden
Zusammenhang in der Auswirkung auf die Infektionszahlen wäre es dringend erforderlich, systematische Studien hierzu durchzuführen. Es sollte im
Interesse jeder Regierung liegen, die Wirksamkeit
aber auch die negativen Auswirkungen der restriktiven Verordnungen, die sie verhängen, besser zu
verstehen. Wie gut schützen Masken wirklich vor
Ansteckung? Welche kurz-, mittel- und langfristigen Nebenwirkungen sind durch das Tragen von
Masken auf verschiedene Bevölkerungsgruppen
abzusehen? Wie hoch ist die Wirksamkeit eines
Lockdowns und welches sind die nachteiligen Effekte, die damit einhergehen? Was sind alternative
Vorgehensweisen? Solch systematische Untersuchungen sind sicherlich nicht unmittelbar nach Beginn der Ausbreitung eines Erregers zu erwarten,
da es hier im Sinne eines Notfallplans um die
schnelle Ergreifung von Maßnahmen geht. Aber

nach über einem Jahr ist nicht mehr nachvollziehbar, aus welchem Grund entsprechende Studien
nicht zentral in Auftrag gegeben und von unabhängigen Einrichtungen durchgeführt werden.

Konsequenz dieses Vorgehens

Es geht in diesem Kapitel wie bereits früher geschildert nicht um eine medizinische Einordnung der
Termini Infektion oder Pandemie und auch nicht
um eine fachliche Bewertung des PCR-Tests oder
der Wirksamkeit von Mund-Nase-Bedeckungen.
Diese Themen werden lediglich deshalb ausführlich behandelt, um den Zusammenhang zu den in
jenem Rahmen zitierten Kunstgriffen zu verdeutlichen. Entsprechend geht es hier vielmehr erneut um
die Frage, weshalb über die Anwendung der genannten Kunstgriffe wie der Übertreibung nicht
nur die inhaltliche Auseinandersetzung mit anderen Standpunkten vermieden, sondern sogar eine
Spaltung der Gesellschaft in Kauf genommen wird?
Niemand möchte sich gerne vorwerfen lassen, unsozial zu sein und paradoxerweise die Gesundheit
oder gar das Leben anderer aufs Spiel zu setzen. Die
Anwendung der Kunstgriffe verhindert also erneut,
dass neutrale Dritte sich ein vollständiges Bild von
den verschiedenen Auffassungen machen oder sich
gar der Gruppe derjenigen, die die Anordnungen
kritisieren, anschließen. Hierüber wird folglich das
Lager der Kritiker klein gehalten. Und es wird gar
ein Keil in die Gesellschaft getrieben, indem ein Teil
dieser ausgegrenzt und sogar kriminalisiert wird

und mit hohen Strafen rechnen muss, wenn er sich nicht an die Auflagen hält.

Psychologen mahnen bereits heute die möglichen negativen Auswirkungen an, die ein verminderter sozialer Kontakt und auch das Tragen von Gesichtsbedeckungen auf einzelne Individuen, aber auch eine ganze Gesellschaft haben kann (78). Schließlich sind wir als menschliche Wesen auf sozialen Kontakt zu anderen angewiesen und auch darauf, die Gesichter anderer lesen zu können (79).

Darüber hinaus ist eine Vielzahl weiterer negativer Konsequenzen von restriktiven Erlassen wie einem Lockdown zu erwarten, auf die im dritten Teil des vorliegenden Buches näher eingegangen wird. Diese sind teils noch nicht hinreichend untersucht und vor allem die möglichen Langzeitfolgen lassen sich derzeit noch nicht abschätzen. Dennoch sind bereits heute bedingt durch die Isolation psychische und physische Beeinträchtigungen auf einzelne Mitglieder oder ganze Gruppen unserer Gesellschaft, wie beispielsweise Kinder, psychisch erkrankte oder ältere Menschen, zu beobachten (80). Eine Studie des Universitätsklinikums Hamburg-Eppendorf (UKE) zeigt einen Zuwachs der psychischen Auffälligkeiten bei Kindern und Jugendlichen im Jahr 2020 verglichen zu der Zeit vor CO-VID-19 (81). Dieser Analyse zufolge steigt der Anteil psychisch auffälliger Kinder von 9,9 Prozent auf 17,8 Prozent und mehr als die Hälfte der Jugendlichen gibt psychosomatische Probleme an. Etwa zwei Drittel der Jugendlichen berichten, dass sie durch COVID-19 Auflagen wie Lockdown oder soziale Distanzierung belastet seien und dass sie das Homeschooling als schwierig empfänden. Circa ein Viertel von ihnen gibt an, dass es zu Hause häufiger zu Streitereien käme. Dem Weißen Ring zufolge steigt auch die häusliche Gewalt in Phasen des Lockdowns regelmäßig an (82). Neben den subjektiv empfundenen Herausforderungen beim Homeschooling auf Seiten der in der oben genannten UKE-Studie befragten Kinder kann eine Schließung von Schulen zusätzlich auch die soziale Ungleichheit verstärken, denn viele Kinder erfahren eine Benachteiligung aufgrund schlechterer Bedingungen im Homeschooling (83). Und Menschen in Kurzarbeit oder Selbstständige aus Bereichen wie Gastronomie, Hotellerie oder der Kulturbranche sehen sich mit teils massiven finanziellen Einbußen konfrontiert, die auch über eine temporäre Unterstützungszahlung nicht aufgefangen werden können. Dem Statistischen Bundesamt zufolge ist das Bruttoinlandsprodukt in Deutschland in allen Quartalen 2020 niedriger als im Vorjahr, insbesondere jedoch im zweiten Quartal 2020, das am stärksten von den Lockdown-Maßnahmen betroffen ist (84). Auch die Anzahl der Erwerbstätigen geht in Deutschland in 2020 deutlich zurück (85). Eine Studie des Leibniz-Instituts für Wirtschaftsforschung an der Universität München e. V. (ifo Institut) von Anfang 2021 hat ergeben, dass rund ein Drittel aller Unternehmen auf Kurzarbeit zurückgreifen muss (86). Der Umsatzindex des verarbeitenden Gewerbes geht vor allem im zweiten Quartal 2020 erheblich zurück, ebenso der Umsatz im Gastgewerbe, der Beherbergung und der Gastronomie (87). Speziell das Gastgewerbe verzeichnet aufgrund der mehrmonatigen Schließungen in 2020 einen Umsatzeinbruch um mehr als ein Drittel (88). Die Weltgesundheitsorganisation (WHO) hat darüber hinaus festgestellt, dass in Zeiten des Lockdowns deutlich weniger Krebsdiagnosen gestellt werden, da viele Menschen auf notwendige Arztbesuche verzichten (89). Hiervor warnen verschiedene deutsche und internationale Onkologen bereits im Laufe des ersten Lockdowns im Frühjahr 2020 (90). Doch auch diese Aspekte finden nach wie vor zu wenig Eingang in die Auseinandersetzung um COVID-19.

Ganz im Gegenteil lässt sich sogar im Februar 2021 in Deutschland trotz monatelanger restriktiver Lockdown-Bestimmungen einschließlich der Schließung von Schulen erneut ein Anstieg des Infektionsgeschehens verzeichnen (91). Dies wird in der öffentlichen Debatte zurückgeführt auf die Mutation des SARS-CoV-2 Virus hin zu einer Variante, die stärker infektiös sei (92). Grundsätzlich sind Mutationen aus Expertensicht ein wenig überraschendes Phänomen, da Viren sich häufig den Gegebenheiten anpassen und entsprechend verändern, so auch der SARS-CoV-2 Erreger (93). Eine mögliche Reaktion eines Virus auf Kontaktbeschränkungen könnte also seine Anpassung dahingehend sein, dass es sich noch leichter überträgt als zuvor. Dies scheint auch auf die seit Anfang 2021 aufgetretene sogenannte „britische" Variante von SARS-CoV-2 mit dem offiziellen Namen B.1.1.7 zuzutreffen (94). Unabhängig von den möglichen Ursachen für Mutationen scheint die einzige Lösung der Entscheidungsträger weiterhin zu sein, an den teils erheblichen Einschränkungen festzuhalten. Dass diese offenbar nicht mit einem Rückgang der sogenannten Infektionszahlen einhergehen oder gegebenenfalls sogar entsprechende Mutationen des Erregers begünstigen, scheint nur eine untergeordnete Rolle zu spielen. Ebenso wie die weiter oben beschriebenen teils erheblich negativen Auswirkungen der Restriktionen auf unterschiedliche Bevölkerungsgruppen. Und nicht zuletzt ist davon auszugehen, dass alle Steuerzahler für die finanziellen Konsequenzen der einschränkenden Maßnahmen werden aufkommen müssen. Auch dies wird in der breiten Allgemeinheit weitgehend ignoriert. Dass einige Politiker sich über sogenannte „Maskendeals" sogar an der Situation bereichern (95) und auch Apotheken hier über eine enorm großzügige Erstattung des Bundes zu den Gewinnern der Krise gehören (96), führt ebenfalls nicht zu einem veränderten Umgang mit der Situation auf Seiten aller Beteiligten.

Kapitel 3 – Provokation

Den Gegner zum Zorn reizen

Ein weiterer Kunstgriff (Nr. 8) nach Schopenhauer ist, *„Den Gegner zum Zorn reizen: denn im Zorn ist er außer Stand, richtig zu urteilen und seinen Vorteil wahrzunehmen. Man bringt ihn in Zorn dadurch, daß man Unverhohlen ihm Unrecht tut und schikaniert und überhaupt unverschämt ist"* (6 S. 44).

Diese Provokation lässt sich im Zusammenhang mit COVID-19 an einer Vielzahl von Stellen beobachten. Einige davon wurden bereits in den vorangegangenen Kapiteln beschrieben, wie zum Beispiel die Techniken des „Persönlichwerdens" oder der „Konsequenzmacherei" in Kapitel 1. Eine Stelle, an der die Provokation jedoch darüber hinaus sehr deutlich zum Vorschein tritt, ist der Umgang des Staates mit Demonstrationen gegen die COVID-19 Verordnungen der Regierung. Diese werden teils direkt verboten oder aber zunächst genehmigt, dann kurzfristig abgesagt und erst nach einem durch die Veranstalter angestrebten Eilverfahren vor dem jeweiligen Verwaltungsgericht wieder gestattet – wie die Kundgebung in Berlin am 29. August 2020 (97). Grundlage für solche rechtlich fragwürdigen und teils unhaltbaren Demonstrationsverbote ist die Annahme, dass sich im Rahmen dieser Versammlungen nicht an die COVID-19 Auflagen wie beispielsweise das Tragen von Mund-Nase-Bedeckungen oder die Wahrung von Abständen gehalten werde. Dies ist zum Teil jedoch gar nicht der Fall und kann vor allem im Vorhinein nicht als Annahme für ein Demonstrationsverbot dienen. Außerdem kann es auch als absurde Argumentationsführung betrachtet werden. Denn gegen genau diese und weitere Maßnahmen gehen die Kritiker eigens auf die Straße. Ein extremer Vergleich hierzu wäre, wenn Menschen, die einer bestimmten Ethnie angehören, die Demonstration für mehr Gleichberechtigung verboten würde mit dem Argument, dass von diesem Personenkreis aus kulturellen Gründen eine bestimmte Gefahr ausginge und er sich daher aufgrund seiner Herkunft nicht versammeln dürfe. In Bezug auf COVID-19 wird entsprechend folgerichtig auch ein generelles Demonstrationsverbot der Stadt Gießen durch das Bundesverfassungsgericht wieder aufgehoben, obwohl durch die Kundgebung Anordnungen wie die maximale Anzahl von Personen, die sich treffen dürfen, nicht eingehalten werden können (98). Dieser Entscheid hält dennoch andere Städte und Kommunen nicht davon ab, immer wieder auf Demonstrationsverbote hinzuwirken. Umgekehrt werden jedoch große Versammlungen zu anderen Themenfeldern als COVID-19, wie die Kundgebungen am 01. Mai 2021, nicht nur widerstandslos genehmigt, sondern auch in der breiten Presse im Nachgang als „Corona-konformer Protest" provokativ gefeiert. Dass hierbei gleichzeitig Bilder von dichtgedrängten Menschenmassen – teils ohne Masken – gezeigt werden, scheint unerheblich zu sein und wird nicht weiter öffentlich kritisiert (99).

Des Weiteren kann auch der Umgang mit Teilnehmern an Protesten gegen die COVID-19 Verordnungen streckenweise als Provokation aufgefasst werden. So geben diese an, dass bei einigen Demonstrationen ihre ärztlichen Bescheinigungen, die die Unfähigkeit des Tragens eines Mund-Nase-Schutzes aus gesundheitlichen Gründen attestieren, nicht akzeptiert oder sogar eingesammelt und nicht wieder ausgehändigt werden (100). Verfolgt man Kundgebungen online in Echtzeit via Live-Stream, so scheint es, als würden friedliche Demonstranten unvermittelt eingekesselt und am Weitergehen gehindert. Infolgedessen wird ihnen nicht mehr ermöglicht, die geforderten Abstände einzuhalten oder sich aufzulösen, obwohl die Demonstration als beendet erklärt wird. Dann wiederum werden sie körperlich attackiert, weil sie sich nicht an ebendiese Abstandsregeln oder andere Auflagen halten oder nicht schnell genug vom Demonstrationsort entfernen.

Ein konkretes Beispiel für noch weitergehende Provokationen ist die Kundgebung gegen die Änderung des Infektionsschutzgesetzes am 18. November 2020 in Berlin. In deren Rahmen wird die ansonsten überwiegend friedliche Demonstration mit Hilfe von Wasserwerfern aufgelöst (101), (102). Dem Merkur zufolge hat Justizministerin Christine Lambrecht (SPD) im Nachhinein den Einsatz der Wasserwerfer gebilligt: *„Wenn Auflagen wie Maskenpflicht oder Abstandhalten bewusst missachtet würden, müsse die Versammlung aufgelöst werden"*, sagt sie den Zeitungen der Funke Mediengruppe. *„Der Staat muss zeigen, wer in diesem Land das Gewaltmonopol hat. Es kann nicht sein, dass der Staat resigniert, wenn viele Demonstranten kommen, um bewusst die Regeln zu verletzen"* (103). Gewaltmonopol des Staates meint, dass diesem die ausschließliche Befugnis zusteht, physische Gewalt anzuwenden – selbst wenn die Gegenseite ihrerseits keine Gewalt ausgeübt hat. Es reicht aus, dass einer Aufforderung der Polizei, welche im Auftrag des Staates agiert, nicht befolgt wird, um eine körperliche Gewaltanwendung zu legitimieren. In Konsequenz dessen ist zu beobachten, dass bei anderen Kundgebungen gegen die COVID-19 Erlasse einzelne, ebenfalls friedliche Demonstranten oder auch Journalisten plötzlich massiv körperlich durch Staatsbedienstete attackiert werden. Dies geschieht unter anderem bei der Demonstration gegen die COVID-19 Maßnahmen am 29. August 2020 in Berlin (104). Außerdem tragen im Rahmen dieser Versammlung einem Focus online Video auf YouTube zufolge verschiedene Ordnungskräfte keine erkennbare Dienstnummer an ihrer Uniform (105). Zu polizeilicher Gewaltanwendung kommt es auch bei der Kundgebung gegen die COVID-19 Auflagen am 14. November 2020 in Frankfurt (106) und bei der bereits weiter oben erwähnten Versammlung gegen die Änderungen des Infektionsschutzgesetzes am 18. November 2020 in Berlin (107). Auch die Demonstration gegen eine weitere Verschärfung dieses neuen Infektionsschutzgesetzes am 21. April 2021 in Berlin wird erneut von Gewalt gegen die Teilnehmer sowie Journalisten begleitet (108).

Grundsätzlich gilt die Polizei hierzulande als „Freund und Helfer" der Bevölkerung und es gibt eine Vielzahl von Beispielen, in denen sie dieser Rolle nachkommt und die Menschen schützt. Was bringt einige Ordnungskräfte also dazu, sogar ihre Dienstnummern von der Uniform zu entfernen vor einer Demonstration, bei der im späteren Verlauf Gewalt gegen die Teilnehmer angewandt wird? Handelt es sich hierbei tatsächlich um Vorsatz oder ist es vielmehr ein Ausdruck der Konfliktsituation, in der sich auch die Staatsdiener befinden? Schlussendlich kann die Regierung hier als Auftraggeber verstanden werden und die Beamten sind entsprechend das ausführende Organ. Bei einer friedlichen Demonstration gegen die COVID-19 Auflagen am 20. März 2021 in Kassel entschließt sich die Polizei dazu, keine gewaltsamen Mittel gegen die Kundgebungsteilnehmer anzuwenden, obwohl die Menge der Demonstranten deutlich die Anzahl der genehmigten Teilnehmer überschritten hat. Aus der Politik wird daraufhin harsche Kritik am Vorgehen der Ordnungskräfte laut und deren Verhalten als „absolut unverständliches Zurückweichen des Staates" in der Öffentlichkeit kritisiert (109). Hieraus lässt sich schlussfolgern, dass auch die Polizei unter massivem Druck steht und sich teilweise genötigt sieht, im Auftrag des Staates gewaltsame Mittel anzuwenden. Darüber hinaus ist es vermutlich auch eine

Herausforderung, am Ort des Geschehens immer die Ruhe zu bewahren – denn schließlich sehen sich Polizisten ebenfalls immer wieder verbalen und teils auch körperlichen Attacken durch einzelne Demonstrationsteilnehmer ausgesetzt. Was immer der Grund für ein eskalierendes Verhalten der Ordnungskräfte sein mag – die weiter oben genannten und andere Exempel können auch als gezielte Provokation des Staates aufgefasst werden, um nach Schopenhauer „den Gegner zum Zorn zu reizen". Würden die Demonstranten auf diese Provokation eingehen und ihrerseits mit Zorn oder gar Gewalt reagieren, so würde dies in die Karten der Machthaber hineinspielen und ihnen die Möglichkeit geben, die Kritiker noch weiter zu diffamieren und sie nicht nur als unsachlich, sondern gar als gewaltbereit oder gefährlich hinzustellen.

Mit zweierlei Maß messen
Eine weitere Möglichkeit, den Gegner analog zu Schopenhauer „zum Zorn zu reizen" ist neben der gezielten und direkten Provokation auch die Variante, Dinge mit zweierlei Maß zu messen. Auch dies ist eine Form, um nach Schopenhauer „dem Gegner unrecht zu tun und ihn zu schikanieren".

Exemplarisch für diese Ungerechtigkeit steht der Umgang mit Politikern, die gegen die eigenen COVID-19 Verordnungen verstoßen. Hierunter fallen Bundestagsabgeordnete, die trotz nachgewiesenem Kontakt zu Personen mit positivem PCR-Test die

Quarantäne-Auflagen nicht einhalten (110). Sie suchen weiterhin ihre voll besetzen Büros auf, ohne das eigene Testergebnis abzuwarten. Andere hochrangige Politiker verstoßen gegen die Empfehlungen des Robert-Koch-Instituts zur Einhaltung von 1,5 Metern Mindestabstand und drängen sich mit mehreren Personen in einen kleinen Aufzug (111). Auch im Bayerischen Landtag halten sich CDU-Mitglieder nicht an die Abstandsregeln und speisen gemeinsam an einem Tisch in der Landtagsgaststätte (112). Und selbst bei der Abstimmung zur Verschärfung des neuen Infektionsschutzgesetzes im April 2021 halten die Bundestagsabgeordneten nicht die geforderten Mindestabstände ein und einige tragen keine Masken oder verwenden diese falsch (113). All diese Beispiele haben aus unterschiedlichsten Gründen nicht zur Verhängung von Bußgeldern oder anderen Konsequenzen für die Beteiligten geführt.

Es wird daher der Eindruck erweckt, dass vor allem diejenigen, die die restriktiven Maßnahmen beschließen, ihre Kontrolle durchsetzen und entsprechende Strafen bei der Missachtung verhängen, selbst nicht davon betroffen sind. Ein hohes politisches Amt scheint davor zu schützen, die eigenen Regeln einhalten zu müssen. Dies ist nicht nur paradox im Hinblick auf die Begründung, wie gefährlich SARS-CoV-2 sei und wie dringend die gesamte Bevölkerung geschützt werden müsse. Es kann wie weiter oben beschrieben auch dazu dienen, den

„Gegner zum Zorn zu reizen" und damit Feindseligkeit zu schüren und Eskalation nicht nur billigend in Kauf zu nehmen, sondern sogar zu provozieren.

Kapitel 4 – Ignoranz

„Merken wir, daß der Gegner eine Argumentation ergriffen hat, mit der er uns schlagen wird; so müssen wir es nicht dahin kommen lassen, (…), sondern beizeiten den Gang der Disputation unterbrechen, abspringen oder ablenken, …" (6 S. 55).

Experten ausgrenzen

Eine extreme Variante dieses Kunstgriffs 18 nach Schopenhauer lässt sich vor allem in Bezug auf anerkannte Experten in aus Fachrichtungen wie der Virologie, Immunologie oder Epidemiologie beobachten. Sofern diese Wissenschaftler nicht konform gehen mit der durch Regierende und andere hohe Amtsträger verbreiteten Auffassung hinsichtlich COVID-19, wird die Disputation mit ihnen nicht nur unterbrochen oder beendet – es findet erst gar keine Auseinandersetzung statt. Fachleute aus den unterschiedlichsten Disziplinen in Deutschland und in anderen Ländern nehmen SARS-CoV-2 und COVID-19 durchaus ernst, sehen den Umgang damit jedoch dennoch kritisch. Hierzu zählt unter anderem der deutsche Virologe und Epidemiologe Professor Klaus Stöhr, der viele Jahre für die Weltgesundheitsorganisation (WHO) tätig war und hier unter anderem das globale Influenza-Programm leitete. Darüber hinaus arbeitete er in der Impfstoffentwicklung für ein internationales Pharmaunternehmen. Klaus Stöhr kritisiert, dass die Bundesregierung sich im Umgang mit COVID-19 auf ein einseitiges Beraterkonzept stützt und auch im März 2021 nach über einem Jahr noch keine aus verschiedenen Disziplinen bestehende Task Force ins Leben gerufen hat (114). Er rät beispielsweise dazu, das öffentliche Leben weiterlaufen zu lassen bei gleichzeitigem Schutz besonders gefährdeter Bevölkerungsteile (115). Ein weiterer Wissenschaftler, der sich kritisch äußert in Bezug auf die COVID-19 Auflagen, ist der Biologe und Professor für Toxikologie und Pharmakologie Stefan Hockertz. Er bezeichnet sich selbst grundsätzlich als Impfbefürworter. Dennoch wägt er im Rahmen eines Interviews mit Radio München am 28. November 2020 den Nutzen einer COVID-Impfung gegenüber möglichen Risiken und Nebenwirkungen eines mRNA-Impfstoffes ab. Er äußert sich außerdem auch kritisch in Bezug auf mögliche negative Konsequenzen eines Lockdowns für das Immunsystem von Kindern und bemängelt unter anderem, dass die Rolle von ausgewogener Ernährung und ergänzenden Vitaminen zu wenig hervorgehoben wird in der aktuellen Debatte (116). Ein dritter hier exemplarisch zu nennender Experte ist der deutsche Facharzt für Mikrobiologie und Infektionsepidemiologie Professor Sucharit Bhakdi. Auch er ist einer von vielen weltweit anerkannten Wissenschaftlern, die die Maßnahmen der Bundesregierung gegen COVID-19 kritisieren. Bhakdi führt hierzu Begründungen auf Basis seiner wissenschaftlichen Expertise an und unterbreitet Gegenvorschläge, wie mit SARS-

CoV-2 umzugehen sei – beispielsweise über den gezielten Schutz bestimmter Risikogruppen (117). Er wendet sich in einem offenen Brief direkt an die Bundesregierung und äußert darin unter anderem den Wunsch „… *kritisch – und mit der gebotenen Vorsicht – über die Vor- und Nachteile einer Einschränkung des öffentlichen Lebens und die daraus resultierenden Langzeiteffekte zu diskutieren"* (118). Bhakdi weist in diesem Brief darauf hin, dass es ausdrücklich nicht sein Anliegen sei, die Gefahren der Viruserkrankung herunterzuspielen oder eine politische Botschaft zu kolportieren. Dennoch werden seine Einlassungen und die von anderen, ebenfalls fachlich versierten Kollegen ignoriert. Ein Zusammenschluss von Medizinern verschiedenster Fachrichtungen hat sich in einem weiteren offenen Brief an die Bundesregierung gewandt und darum gebeten: „… *in einen sachlichen Dialog zum alles beherrschenden Thema Corona und COVID-19 einzutreten. Hierbei ist wichtig, dass alle Stimmen zu Wort kommen, damit sich jeder Bürger und auch der Laie ein möglichst objektives Bild zur Sachlage machen kann. Es ist daher notwendig, dass auch die Stimmen der ganzheitlichen Medizin, der alternativen und Naturmedizin gehört werden"* (119). Dieser geforderte differenzierte Dialog findet jedoch nach wie vor nicht statt. Im Gegensatz dazu lässt sich feststellen, dass zum Beispiel Interviews mit den genannten und anderen Experten sowie sachliche Ausführungen verschiedener Kritiker im Internet gelöscht und somit einer Zensur unterworfen werden (120). Dieses Verhalten geht erheblich über das in Kunstgriff 18 beschriebene Unterbrechen einer Disputation hinaus – sie wird stattdessen sogar aktiv unterbunden. Und es steht im deutlichen Gegensatz nicht nur zu der in der Einleitung zitierten Vielfalt in Artikel 3, Absatz 3, des Grundgesetzes, sondern auch zu der in Artikel 5, Absatz 1, verankerten Meinungsfreiheit. Wobei die hier exemplarisch angeführten Einlassungen der oben genannten Wissenschaftler über reine Meinungsäußerung deutlich hinausgehen, da sie auf ihrer fachlichen Expertise beruhen.

Experten einseitig einbeziehen

Umgekehrt wird jedoch die Auffassung von Fachleuten, die mit der Position von politischen Entscheidungsträgern konform gehen, deutlich erhöht und findet breite Anwendung in Ansprachen, öffentlichen Diskussionen und den Medien. Vergleichsweise wird dem von der Politik vielzitierten Virologen Professor Christian Drosten eigens das Bundesverdienstkreuz verliehen (121). Eine große deutsche Tageszeitung der Boulevardpresse greift die auf Twitter aufgeworfene Frage auf, ob Professor Drosten für das Bundeskanzleramt geeignet sei (122). Dies bezeichnet Schopenhauer in seinem Kunstgriff 30 als „argumentum ad verecundiam" (an die Ehrfurcht appellierendes Argument): *„Statt der Gründe brauche man die Autoritäten nach Maßgabe der Kenntnisse des Gegners. (...) man hat also leichtes Spiel, wenn man eine Autorität für sich hat, die der Gegner respektiert. (...) Hingegen haben die gewöhnlichen*

Leute tiefen Respekt für die Leute vom Fach jeder Art" (6 S. 71). Dieser Respekt der Allgemeinbevölkerung vor Politikern, Wissenschaftlern und anderen Autoritäten lässt sich auch im Kontext von COVID-19 beobachten. Weshalb werden jedoch fast ausschließlich jene Experten beziehungsweise Autoritäten zitiert, die die Auffassung und Anordnungen der Regierung unterstützen? Dies unterbindet erneut die Befassung mit einer fachlichen Gegenposition und demzufolge ist es für den Laien schwer, sich eine unabhängige Meinung zu bilden.

Daten gezielt auswählen
Neben der Ignoranz von fachlich versierten, aber von der Obrigkeitsmeinung abweichenden Standpunkten lässt sich auch eine Ignoranz der Datenlage verzeichnen. Dies bezeichnet Schopenhauer mit Hilfe seines Kunstgriffs 26 als „retorsio argumenti": *„Ein brillanter Streich ist die retorsio argumenti: wenn das Argument, das er für sich gebrauchen will, besser gegen ihn gebraucht werden kann; ..."* (6 S. 64). Dieser Kunstgriff meint umgangssprachlich, den Spieß umzudrehen über ein „gerade weil" Argument.

Im Zusammenhang mit COVID-19 wird eine Art Variante dieser Technik von Regierenden und Fachleuten eingesetzt, wenn Kritiker von Bestimmungen wie beispielsweise dem Lockdown anführen, dass trotz dieser Maßnahme die sogenannten Infektionszahlen weiter ansteigen. Hier ist die offizielle Entgegnung dann wie folgt, dass „gerade weil" der

Lockdown umgesetzt wird, die Infektionsrate nicht noch deutlich stärker angestiegen sei. Dies ist selbstverständlich eine rein hypothetische Annahme, da niemand mit Sicherheit wissen kann, wie sich der als Infektionsgeschehen bezeichnete Verlauf entwickelt hätte unter anderen Bedingungen. Auch die Tatsache, dass es im Rahmen des ersten Lockdowns im Frühjahr 2020 zu keinem nachgewiesenen Zusammenhang zwischen den ergriffenen Mitteln und dem Verlauf der Fallzahlen kommt, wird bei dieser Argumentation schlichtweg ignoriert. Eine solche Korrelation ist auch beim zweiten Lockdown im Herbst und Winter 2020/2021 weiterhin unklar (123). Eine im Dezember 2020 veröffentlichte Studie an rund 3.000 US Marine Rekruten kann keine Überlegenheit von strenger Isolation auf einem College Campus inklusive des Tragens von Masken und der Einhaltung von Sicherheitsabständen gegenüber weniger strengen Quarantänemaßnahmen zuhause nachweisen (124). Ähnliches lässt sich auch beobachten im Vergleich des Vorgehens zwischen verschiedenen US-Bundesstaaten. So verhängt Kalifornien im Gegensatz zu Florida strenge Restriktionen, um die Ausbreitung von COVID-19 einzudämmen. Dennoch verzeichnet Florida im Vergleichszeitraum weniger Infektionsfälle als Kalifornien (125). Und auch Schweden hat weitgehend auf freiwillige Einschränkungen gesetzt und Schulen bis zur neunten Klasse sowie Geschäfte geöffnet gelassen bei gleichzeitigem Schutz von Risikogruppen. Nichtsdestotrotz kann das Land vergleichsweise geringere Todeszahlen aufweisen als Länder mit restriktiven Lockdowns wie Belgien, Italien, Großbritannien, Spanien oder Frankreich (126). Analog hierzu zeigt eine Auswertung des National Bureau of Economic Research (NBER) in den USA aus Juli 2020 keinen Zusammenhang zwischen nicht-pharmazeutischen COVID-19-Maßnahmen wie Lockdown oder dem Tragen von Masken auf die Ausbreitung des SARS-CoV-2 Virus (127).

Beweisführung erschweren

Trotz dieser Evidenz wird es den Maßnahmenkritikern deutlich erschwert, eine eigene Beweisführung aufzustellen und diese vor einer breiten Öffentlichkeit zu vertreten. Frei nach Schopenhauers Kunstgriff 37: *„Wenn der Gegner auch in der Sache Recht hat, allein glücklicherweise für selbige einen schlechten Beweis wählt, so gelingt es uns leicht diesen Beweis zu widerlegen, und nun geben wir dies für eine Widerlegung der Sache aus"* (6 S. 88).

Es ist nicht so, dass in der Debatte um COVID-19 die Kritiker fortlaufend schlechter Beweise überführt würden. Es werden vielmehr die von teils sehr fachkundigen Personen angeführten Belege und Studien grundsätzlich als „fake" (also Fälschung oder Schwindel) bezeichnet, nicht der breiten Allgemeinheit zugänglich gemacht oder wie weiter oben beschrieben sogar zensiert. Dies geht deutlich über

Kunstgriff 37 hinaus und bedeutet, die Maßnahmenkritiker haben nicht wie von Schopenhauer beschrieben einen schlechten Beweis gewählt – ihre Beweise werden in der Öffentlichkeit erst gar nicht zugelassen. Es lässt sich beobachten, dass dies im Kontext von COVID-19 wiederholt Anwendung von politischen Amtsträgern und den Medien findet. Alternative Vorschläge von weltweit anerkannten, hochrangigen und seriösen Wissenschaftlern zum Umgang mit SARS-CoV-2 und COVID-19 finden wiederholt kein Gehör und keinen Zugang zur allgemeinen Diskussion, wie unter anderem die „Great Barrington Declaration" (128).

Und auch die Berichterstattung in der breiten Medienlandschaft kann als vorwiegend einseitig betrachtet werden. So werden zum Beispiel Ende November 2020 im Rahmen einer bekannten Talkshow des öffentlich-rechtlichen Fernsehens, die sich selbst dem Titel nach einen harten, aber fairen Umgang mit Themen zuschreibt, zum Schwerpunkt Impfung ausschließlich Gäste geladen, die sich aus unterschiedlichsten Perspektiven für eine Impfung aussprechen (129). Ein fachlich versierter und seriöser Impfkritiker kommt in dieser Sendung nicht vor, wie auch in der sonstigen Berichterstattung der Massenmedien meist nicht. Stattdessen wird bereits in der Einleitung zu der genannten Talkshow durch den Moderator darauf hingewiesen, dass man in dieser Sendung „keine Diskussion mit berufsmäßigen Impfgegnern oder Corona-Leugnern erwarten dürfe" – es erfolgt also erneut die bereits beschriebene Generalisierung und Diffamierung aller Kritiker. Erst nach weit über einem Jahr erfolgt Anfang Juni 2021 in einer Morgensendung des öffentlich-rechtlichen Fernsehens eine kurze kritische Berichterstattung zu Ungereimtheiten bei den COVID-19 Zahlen (130). Hier kritisieren Experten, dass zu viele Fälle in die Todesstatistik eingehen. Der gleiche Sender lässt vormals keine Zweifel an der Ausrichtung von Mitgliedern der Bundesregierung, Virologen wie Christian Drosten und Einrichtungen wie dem Robert-Koch-Institut zu. Beispielsweise wird noch einige Monate zuvor über das Nachrichtenmagazin dieses Senders auf Facebook eine Studie zu den Todesfällen zitiert mit dem Hinweis: *„Für alle, die das Coronavirus verharmlosen und die Gefahren nicht erkennen, (…) informieren Sie sich bitte allumfassend"* (131). Danach erfolgt ein Verweis auf den vorgeblichen Faktencheck der eigenen Homepage, welche die gewohnt eindimensionale Haltung der Machthaber und breiten Medien widerspiegelt.

In der Konsequenz aus solch einer einseitigen Positionierung auch auf Seiten der Medien wird nicht nur eine differenzierte Auseinandersetzung mit unterschiedlichen Standpunkten unterbunden. Dieses Vorgehen wirft vielmehr sogar die Frage auf, ob tatsächlich alle Informationen zur Verfügung gestellt werden. Beispielsweise urteilt ein Gericht in Lissabon am 11. November 2020, dass eine Quarantäne gegen Urlauber aufgehoben werden muss, da der PCR-Test nicht geeignet sei für die Diagnostik einer Infektion mit SARS-CoV-2 (132). Dieses Urteil wird jedoch in der breiten Medienlandschaft kaum erwähnt oder lediglich als Falschurteil bezeichnet, ohne wiederum eine detaillierte inhaltliche Diskussion zuzulassen. Das der PCR-Test wie weiter oben beschrieben durchaus auch kritisch betrachtet werden kann, wird erneut kaum aufgegriffen in der allgemeinen Disputation und Kommunikation.

Es ist wie bereits erwähnt nicht Anliegen dieses Buches, die verschiedenen Phänomene unter COVID-19 medizinisch zu beurteilen. Gegenstand des vorliegenden Buches ist vielmehr, den derzeitigen Umgang mit dem gesellschaftlichen Wert der Diversität und moralischen Dimensionen wie der Abwägung von Fürsorge versus Freiheit zu beleuchten. Weshalb findet diese Abwägung nach wie vor kaum Eingang in den allgemeinen Diskurs und stattdessen erfolgt eine größtenteils einseitige öffentliche Diskussion und Berichterstattung? Es sollte im Interesse aller Beteiligten liegen, sich beispielsweise den tatsächlichen Infektions- und Todeszahlen möglichst genau anzunähern und sowohl das Virus SARS-CoV-2 als auch die Erkrankung COVID-19 durch fortlaufende Einbeziehung neuer und vielfältiger Erkenntnisse möglichst gut zu verstehen. Dabei sind gezielt und vollumfänglich auch Experten verschiedenster Disziplinen einzubinden, die unterschiedliche Perspektiven einnehmen. Denn wenn bereits die zugrundeliegenden

Annahmen einseitig oder gar falsch sind, so werden auch die daraus folgenden Maßnahmen und Konsequenzen falsch sein. Welchen Grund gib es dafür, dass eine Regierung den differenzierten Dialog zu einem so wichtigen Thema wie COVID-19 zu unterbinden scheint? Auf mögliche Erklärungsansätze hierfür soll im nachfolgenden zweiten Teil dieses Buches eingegangen werden.

TEIL 2 – Über den Umgang mit gesellschaftlichen Werten am Beispiel von COVID-19: Erklärungsansätze

Die in den vorstehenden Kapiteln angeführten Exempel in Anlehnung an Schopenhauers Kunstgriffe, recht zu behalten, existieren wie in der Einleitung bereits erwähnt auf beiden Seiten der Auseinandersetzung um COVID-19. Dennoch haben sie, wenn sie von politischen Amtsträgern angewandt werden, einen stärkeren Einfluss und nachteiligere Auswirkungen auf die Allgemeinheit als umgekehrt. Erst recht, wenn sie darüber hinaus noch durch die breite Medienlandschaft aufgegriffen werden. Aus diesem Grund sind die in Teil 1 beschriebenen Phänomene aus der Perspektive derjenigen gewählt worden, die sich von den Anordnungen der Regierung übergangen oder unterdrückt fühlen und versuchen, sich hierzu Gehör zu verschaffen – dies jedoch aktuell kaum erhalten.

Aus welchem Grund wenden Machthaber die geschilderten Kunstriffe an und lehnen fortlaufend die differenzierte Betrachtung verschiedener Gesichtspunkte ab, statt sich inhaltlich damit zu befassen? Sollten sie sich ihrer Auffassung so sicher sein, wie sie vorgeben, dann stünde einem sachlichen Austausch hierzu nichts im Wege. Es wäre in diesem Fall auch nicht notwendig, die Kritiker über die Anwendung von Schopenhauers Kunstgriffen und anderen Techniken ins Unrecht zu setzen.

Was sind also die Gründe für ein solches Verhalten? Weshalb werden wichtige gesellschaftliche Werte wie Diversität in herausfordernden Zeiten offenkundig weniger geschätzt und Andersdenkende regelrecht ignoriert, wenn nicht gar aktiv unterdrückt? Das aktuelle Vorgehen stellt den kulturellen Wert der Fürsorge deutlich über den der Freiheit. Damit einhergehende erhebliche Einschränkungen werden billigend in Kauf genommen und jeglicher Widerstand dagegen ignoriert oder kritisiert. Warum wird die Debatte hierzu, sofern sie überhaupt stattfindet, auf ein „entweder oder" verkürzt, statt ein „sowohl als auch" zuzulassen? Im folgenden zweiten Teil soll auf mögliche Erklärungsansätze eingegangen werden.

Als Basis hierfür dient die Publikation „*Haben oder Sein – Die seelischen Grundlagen einer neuen Gesellschaft*" von Erich Fromm (7). Fromm bezieht sich in seiner Schrift unter anderem auf die Lehren von Karl Marx, Meister Eckhart, Albert Schweitzer und Buddha und deren „*... radikale Forderung nach Aufgabe der Orientierung am Haben, ihre antiautoritäre Position und ihr Eintreten für völlige Unabhängigkeit (...) und ihre Forderung nach gesellschaftlicher Aktivität im Geiste der Nächstenliebe und menschlichen Solidarität*" (7 S. 199). Insbesondere die Modi „*Haben und Sein als zwei verschiedene Weisen menschlicher Existenz ...*" (7 S. 191) auf Basis der Marxschen Ideen über die Entstehung des neuen Menschen sind wichtiger Bestandteil seines Werkes: „*Der „Sinn des Habens", von* dem Marx hier spricht, ist genau dasselbe wie die „Ich-Gebundenheit" Eckharts, die Gier nach Dingen und die damit verbundene Selbstsucht" (7 S. 192). Fromm erläutert, dass die in westlichen Kulturen weit verbreitete Existenzweise des Habens mit einer unbewussten Entfremdung von sich selbst und der Schöpfung einhergeht. Dabei bezieht er dieses „Haben" nicht nur auf klassische materielle Besitztümer, sondern auch auf Gedanken, Gefühle, Religion beziehungsweise den Glauben und so weiter: „*Nehmen wir an, eine Frau eröffnet das Gespräch mit einem Psychoanalytiker folgendermaßen: „Herr Doktor, ich* **habe** *ein Problem." (…) Der moderne Sprachstil ist ein Indiz für die heutige Entfremdung. (…) Ich habe meine Gefühle in etwas verwandelt, das ich besitze: das Problem. Ein „Problem" ist ein abstrakter Ausdruck für alle Arten von Schwierigkeiten. Ich kann es nicht* **haben***, da es kein Ding ist, das man besitzen kann, allerdings kann das Problem mich haben; genauer gesagt, habe ich mich dann in ein „Problem" verwandelt, und meine Schöpfung hat Besitz von mir ergriffen. Diese Art zu sprechen verrät die versteckte unbewußte Entfremdung*" (7 S. 37). Weiter postuliert Fromm: „*In der Existenzweise des Habens sind nicht die verschiedenen* **Objekte** *des Habens das Entscheidende, sondern die ganze Einstellung. Alles und jedes kann zum Objekt der Begierde werden: Gegenstände des täglichen Lebens, Besitz, Rituale, gute Taten, Wissen und Gedanken. All diese Dinge sind nicht an sich „schlecht", sie werden schlecht, das heißt, sie blockieren unsere Selbstverwirklichung, wenn wir uns an sie klammern, wenn sie zu Ketten werden, die unsere Freiheit einschränken*" (7 S. 83). Fromm geht sogar so weit, „… *daß die von unserem sozioökonomischen System, das heißt von unserer Lebensweise geprägten Charakterzüge pathogen sind …*" (7 S. 21).

Im Folgenden zeigt sich, dass die bereits vor über 40 Jahren durch Erich Fromm beschriebenen Grundlagen einer Gesellschaft im Sinne der Existenzweise des Habens mit den entsprechenden Einschränkungen der Freiheit auch heute noch vorherrschend sind – und dies kann als Erklärungsmodell für den Umgang mit COVID-19 und die in Teil 1 beschriebenen Phänomene herangezogen werden.

Kapitel 1 – Selbstsucht

„Wie ist es möglich, daß der stärkste aller Instinkte, der Selbsterhaltungstrieb, nicht mehr zu funktionieren scheint? Eine der naheliegendsten Erklärungen ist, daß die Politiker mit vielem, was sie tun, vorgeben, wirksame Maßnahmen zur Abwendung der Katastrophe zu ergreifen. (…) Eine andere Erklärung ist, daß die vom System hervorgebrachte Selbstsucht die Politiker veranlaßt, ihren persönlichen Erfolg höher zu bewerten als ihre gesellschaftliche Verantwortung. (…) Gleichzeitig ist der Durchschnittsmensch so selbstsüchtig mit seinen Privatangelegenheiten beschäftigt, daß er allem, was über seinen persönlichen Bereich hinausgeht, wenig Beachtung schenkt" (7 S. 24, 25).

Bereits in den 1970er Jahren kommt Erich Fromm in der Einleitung zu seinem Werk *„Haben oder Sein"* zu der Erkenntnis, dass die Politik häufig vorgibt, wirksame Maßnahmen zu ergreifen, um eine Katastrophe abzuwenden – wie auch im Kontext von COVID-19 beobachtbar. Dabei wird sie nicht vom Streben nach objektiver Wahrheit oder dem Wohlergehen der Menschen geleitet. Viele Politiker scheinen vielmehr an kurzfristigen persönlichen Erfolgen denn an langfristigen positiven Auswirkungen auf die Gesellschaft interessiert zu sein. Dieses von Fromm als selbstsüchtig bezeichnete Verhalten wird im Allgemeinen kaum hinterfragt, da die Mehrheit der Bevölkerung ebenso selbstsüchtig agiert und sich nicht im Detail mit Angelegenheiten befassen möchte, die über ihren privaten

Bereich hinausgehen. Folglich opponiert niemand gegen Anordnungen, solange diese vorwiegend andere betreffen und keine erheblichen und nachteiligen Konsequenzen für das eigene Privatleben zu befürchten sind.

Vergleichbares ist gut erkennbar auch im Zusammenhang mit COVID-19, da die Mehrheit der Bevölkerung hier ebenfalls keine tiefe Auseinandersetzung mit den Erlassen der Regierung anzustreben scheint. Nur sehr wenige hinterfragen die Grundlagen für die entsprechenden Verordnungen oder die Sinnhaftigkeit dieser selbst. Die Auflagen werden lediglich hingenommen beziehungsweise befolgt, ohne sich weiter damit zu befassen – zumindest so lange, wie die Maßnahmen sich nicht negativ auf das direkte persönliche Umfeld auswirken. Oder anders ausgedrückt: es wird sich nicht dagegen aufgelehnt, sofern die vorgegebene kollektive Fürsorge ein Individuum nicht in dem Maße einschränkt, das dies seine Vorstellung von der eigenen Freiheit limitiert.

Im Folgenden wird sich zeigen, dass diese passive Haltung vieler Bürger nicht allein auf Selbstsucht begründet ist. Sie ist vielmehr ein Zusammenspiel diverser weiterer Variablen, wie einer überhöhten Machtzuschreibung an Autoritäten, einer einseitigen Informationslage, bis hin zu Propaganda, Manipulation und Indoktrination. All diese Phänomene lassen sich am Beispiel von COVID-19 beobachten, worauf in den folgenden Kapiteln eingegangen wird.

Kapitel 2 – Hierarchische Gesellschaftsstruktur und Macht der Autoritäten

Zu der vorstehend beschriebenen Selbstsucht von vielen Politikern aber auch auf Seiten der Bevölkerung kommt ein weiteres Phänomen nach Fromm, das den Effekt des Hinnehmens von Regierungsbeschlüssen verstärkt: *„... es kommt in den meisten größeren und hierarchisch gegliederten Gesellschaften zu einem Prozeß der Entfremdung der Autorität. (...) Wenn die Autorität die richtige Uniform trägt oder mit dem entsprechenden Titel ausgestattet ist, dann ersetzen diese äußeren Zeichen die reale Kompetenz und die Qualitäten, auf denen diese beruht. (...) Daß die Menschen Uniformen und Titel für kompetenzverleihende Qualitäten halten, geschieht nicht ganz von selbst. Die Inhaber der Autorität und jene, die Nutzen daraus ziehen, müssen die Menschen von dieser Fiktion überzeugen und ihr realistisches, das heißt kritisches Denkvermögen einschläfern. Jeder denkende Mensch kennt die Methoden der Propaganda, Methoden, durch die die kritische Urteilskraft zerstört und der Verstand eingelullt wird, bis er sich Klischees unterwirft, die die Menschen verdummen, weil sie sie abhängig machen, und sie der Fähigkeit berauben, ihren Augen und ihrer Urteilskraft zu vertrauen. Diese Fiktion, an die sie glauben, macht sie für die Realität blind"* (7 S. 56-57).

Auch dieses Muster der „Obrigkeitshörigkeit" lässt sich im Kontext von COVID-19 beobachten und trägt dazu bei, dass Anordnungen der Regierenden nur von Wenigen hinterfragt werden.

Deutschland kann – wie andere Nationen ebenfalls – immer noch als Gesellschaft mit relativ hierarchischen Strukturen betrachtet werden, bei der offizielle Amtsträger, Wissenschaftler und andere bekannte Persönlichkeiten Kraft ihres Titels oder Amtes ein hohes Ansehen genießen. Ihnen wird eher Glauben geschenkt und Folge geleistet als anderen, die sich eventuell nicht durch die gleichen Zertifikate oder Posten als vermeintlich glaubhaft ausweisen können – mögen sie sich auch noch so fundiert mit einem Thema auseinandergesetzt haben.

Nutzen diese Autoritäten dann noch die von Fromm erwähnten Methoden der Propaganda, so ist es für viele umso schwieriger, ein Bewusstsein dafür zu erhalten oder zurückzuerlangen, dass die eigene Sichtweise gegebenenfalls nicht frei gebildet, sondern tatsächlich von außen stark beeinflusst wird. Der Autor Henry T. Conserva beschreibt in seinem Handbuch *„Propaganda Techniques"* insgesamt 89 Techniken der Propaganda und Meinungsmanipulation (133). Einige dieser Techniken finden sich bereits in Teil 1 dieses Buches unter den Kunstgriffen Schopenhauers. Hieraus wird ersichtlich, dass Schopenhauers Kunstgriffe nicht nur dazu dienen können, einen Gegner in der direkten Kontroverse ins Unrecht zu setzen. Sie sind vielmehr auch dazu geeignet, ganze Menschenmassen zu manipulieren, wenn sie in der breiten Öffentlichkeit Anwendung finden von Obrigkeiten und den Medien.

Conserva ordnet die von ihm beschriebenen Propagandatechniken insgesamt sieben Typen zu, welche diese übergeordnet zusammenfassen:

1. Logische Fehler (Faulty Logic)

Unter den logischen Fehlern fasst Conserva Techniken zusammen wie die überzogene Vereinfachung komplexer Zusammenhänge oder die unzulässige Verallgemeinerung von einzelnen Fakten oder Erkenntnissen – wie beispielsweise die bereits in Teil 1 dieses Buches beschriebene eher absolute Darstellung der Wirksamkeit von Mund-Nase-Bedeckungen. Auch die Propagandatechnik des „Schwarz-Weiß-Irrtums" ist eine Variante der logischen Fehler. Im Zusammenhang mit COVID-19 findet man eine vergleichbare schwarz-weiß Positionierung hinsichtlich möglicher Folgen des Nichteinhaltens von Regierungsauflagen in Richtung „Wollen wir alle gesund sein oder sterben?". Eine einseitige Berufung auf bestimmte Autoritäten zählt ebenfalls zu den logischen Fehlern. Über das bereits erwähnte „argumentum ad verecundiam" wird eine Autorität zitiert oder sich auf prominente Personen des öffentlichen Lebens berufen, besonders auf Wissenschaftler. Dies dient dazu, Positionen, Ideen, Argumente oder Vorgehensweisen überzeugend wirken zu lassen. Mit Hilfe des Appells an Autoritäten werden also erneut entsprechende Maßnahmen oder Beschlüsse gerechtfertigt. Im Kontext von COVID-19 lässt sich der einseitige Bezug auf bestimmte Experten, die ausschließlich die Auffassung des

Staatsapparates vertreten, an vielen Stellen beobachten und wurde ebenfalls bereits im ersten Buchteil beschrieben. Darüber hinaus ist hinsichtlich COVID-19 auch die Propagandatechnik des „Brunnenvergiftens" zu verzeichnen, also die Diskreditierung eines Individuums, eines Instituts oder einer Personengruppe als Informationsquelle. Auch hierzu wurde in Teil 1 dieses Buches Bezug genommen auf fachlich versierte Experten mit anderen Auffassungen als der der Regierung, die insgesamt kein Gehör finden oder sich gar selbst mit Diffamierungen und Angriffen konfrontiert sehen.

2. Ablenkung und Vermeidung (Diversion and Evasion)

Zu den Techniken der Ablenkung und Vermeidung zählen nach Conserva Methoden wie „ad hominem" (also das Kritisieren persönlicher Eigenschaften des Gegners statt seiner Argumente) oder „name-calling" (also jemanden vergleichsweise mit Schimpfwörtern zu bezeichnen wie „Covidioten"). Auch die Stereotypisierung und Etikettierung fällt hierunter. Sie dient dazu, Vorurteile in einem Publikum zu wecken, indem das Objekt der Propagandakampagne als etwas bezeichnet wird, das das Zielpublikum fürchtet, hasst, verabscheut oder für unerwünscht hält. Über die Nutzung von Vorurteilen und Stereotypen wie „rechtsextrem" oder „rechtsradikal" in Bezug auf die Maßnahmenkritiker im Zusammenhang mit COVID-19 kann also von unerwünschten Inhalten abgelenkt werden, um eine Befassung mit diesen zu vermeiden.

3. Appell an Gefühle (Appealing to the Emoticons)

Der Appell an Gefühle kann laut Conserva unter anderem dazu dienen, bestimmte Emotionen wie Begeisterung, Wut oder Angst methodisch zu erzeugen. Ein Appell an die Angst wird auch als Furchtappell oder "argumentum ad metum" bezeichnet und dient wie alle Gefühlsappelle dazu, die Unterstützung der Bevölkerung für bestimmte Maßnahmen zu erzielen. Auch ein Appell an bestimmte Traditionen oder den Patriotismus gehört zu diesen Propagandatechniken. Begleitet wird der Appell an Gefühle von entsprechend emotionaler Sprache. Diese wurde im Hinblick auf COVID-19 bereits in Verbindung mit dem Strategiepapier des Bundesinnenministeriums aus April 2020 geschildert (8). Der durch den Bayerischen Landtag am 23. März 2021 inszenierte Trauerakt für die an oder mit COVID-19 Verstorbenen in Bayern kann ebenfalls als ein Appell an die Gefühle dienen (134). Es stellt sich die Frage, weshalb nicht für die Opfer anderer Erkrankungen, die teils sogar eine höhere Sterblichkeit aufweisen, solche Gedenkfeiern abgehalten werden? Und es ist darüber hinaus äußerst fragwürdig, dass an der Veranstaltung explizit nur sehr wenige Abgeordnete des Bayerischen Landtags teilnehmen dürfen mit Hinweis auf den Gesundheits-

schutz, obwohl kurz nach Beendigung der Trauer-
feier der Landtag direkt wieder für alle Abgeordne-
ten geöffnet wird (135).

4. Falsche Tatsachen und Tricks (Using False-hoods and Trickery)

Zur Anwendung falscher Tatsachen und Tricks gehört die übermäßige Nutzung von Zahlen oder Statistiken, um einen gewünschten Eindruck in der Bevölkerung zu generieren. Weitere Methoden sind,
Dinge aus dem Zusammenhang heraus gelöst zu
positionieren, Themen miteinander zu verbinden,
die eigentlich nichts miteinander gemein haben o-
der Konsequenzen zu übertreiben. Auf die diskus-
sionsbedürftige Interpretierbarkeit der Infektionszahlen und auch der Todesfälle unter COVID-19
und der damit einhergehenden Erweiterung ihrer
Definitionen wurde bereits in Teil 1 dieses Buches
ausführlich eingegangen. Dennoch finden diese
Zahlen und Statistiken nach wie vor breite Anwendung. Auch die Desinformation gehört zu den Propagandatechniken aus dem Bereich falscher Tatsachen und Tricks. Sie umfasst unter anderem die Lö-
schung von öffentlichen Aufzeichnungen, also die
bereits an früherer Stelle beschriebene Zensur im
Hinblick auf unerwünschte Aussagen bezüglich
COVID-19.

Eine weitere Propagandatechnik aus dem Bereich der falschen Tatsachen und Tricks ist die Mo-
ralisierung. Hierüber sollen Schuldige gefunden

werden, um die Komplexität der Welt zu reduzieren und diese in Opfer und Täter zu unterteilen. Ein Beispiel hierfür im Kontext von COVID-19 ist die Aussage, dass das Tragen von Mund-Nase-Bedeckungen nicht nur sich selbst, sondern vor allem andere schütze. Hierüber wird Maskenkritikern eine mögliche Schuld an der Ausbreitung des Virus zugeschrieben.

5. Ausnutzung menschlicher Verhaltenstendenzen, geistiger Fähigkeiten und Prozesse (Playing on Human Behavioral Tendencies, Mental Capacities and Processes)

Auch hierunter fällt wieder der bereits oben geschilderte Appell an bestimmte Autoritäten, aber auch die Nutzung von Slogans oder die ständige Wiederholung bestimmter Aussagen „ad nauseam" (also „bis zum Erbrechen"), bis diese als gegeben akzeptiert beziehungsweise sogar als wahr angenommen werden. In Bezug auf COVID-19 ist zu beobachten, dass die allgemeine Debatte sehr einseitig geführt wird und daher aus vielen Wiederholungen der Auffassungen der Machthaber und der durch sie verordneten Maßnahmen besteht. Des Weiteren ist das Thema COVID-19 bereits seit über einem Jahr dominant in allen Massenmedien vertreten und füllt ununterbrochen die Titelseiten aller Zeitungen und Magazine sowie die Nachrichtensendungen in Radio und Fernsehen. Es entsteht der Eindruck, dass es kaum andere Themen von Relevanz zu geben scheint.

6. Stil im Sprechen und Schreiben (Speaking or Writing Styles)

Ein emotional aufgeladener Sprach- oder Schreibstil hilft dabei, beispielsweise eine gewünschte Schockwirkung zu erzielen und darüber die Mehrheit zu beeinflussen. Dies ist erneut dienlich, um Unterstützung für bestimmte Anordnungen zu erlangen. Wenn das Bundesinnenministerium davon spricht, dass Kinder beobachten müssen, wie ihre Eltern qualvoll an COVID-19 sterben, dann erhöht dieser emotionale Sprachstil die Bereitschaft in der Bevölkerung, sich restriktiven Verordnungen zu unterwerfen.

7. Vernunft und gesunder Menschenverstand (Reason or Common Sense)

Hierzu zählt unter anderem die Technik, ein Problem in eine Chance umzuwandeln und darüber zu erzielen, dass Auflagen als positiv gewertet werden. Im Zusammenhang mit COVID-19 wird immer wieder die Argumentation angeführt, dass durch die Erlasse der Regierung nicht nur COVID-19 wirksam eingedämmt werde, sondern auch andere Infektionskrankheiten wie die saisonale Influenza (136).

Dies sind nur einige der durch Henry T. Conserva beschriebenen Propagandatechniken, bei denen sich ein Bezug zum aktuellen Umgang und der vorherrschenden Kommunikation zu COVID-19 herstellen lässt. Einen vollständigen Überblick liefert sein Werk „*Propaganda Techniques*" aus dem Jahr 2003.

Darüber hinaus existieren noch weitere Methoden, mittels derer die Meinung anderer beeinflusst werden kann. Eine hier exemplarisch zu nennende und häufig angewandte Technik ist die des „Framings" (deutsch: Rahmung). Framing bedeutet, „… *dass verschiedene Formulierungen und thematische Verbindungen einer Botschaft – bei gleichem Inhalt – die Wahrnehmung und das Verhalten des Empfängers unterschiedlich beeinflussen*" (137). Im Zusammenhang mit COVID-19 wird von der Demonstration gegen die Regierungsauflagen in Berlin am 29. August 2020 unter anderem berichtet, dass die Teilnehmer hier auch gemeinsam mit dem organisierten Rechtsextremismus auf die Straße gehen (138). Die Berichterstattung wird also dahingehend „geframed" (eingerahmt), dass sich die Allianz der Maßnahmenkritiker mit den Rechtsextremen festigen würde. Es wäre andererseits genauso möglich gewesen zu berichten, dass man gemeinsam mit Verfechtern der Friedensbewegung oder mit Personen aus dem linken politischen Spektrum auf die Straße ginge, die ebenfalls Teil dieser Kundgebung waren. Einen solch anderen Rahmen zu setzen würde jedoch nicht der offensichtlich gewünschten Meinungsmache in Richtung rechtes Gedankengut entsprechen.

Neben der Obrigkeitshörigkeit gegenüber Autoritäten und dem Einsatz von Propagandamethoden durch diese hat Erich Fromm in dem zu Beginn dieses Kapitels eingefügten Zitat auch eine Entfremdung der Regierenden von der Allgemeinheit geschildert. Tatsächlich lässt sich auch in Deutschland beobachten, dass beispielsweise hochrangige Politiker eine Distanz zum Volk wahren. Es ist nur selten zu verzeichnen, dass sie sich auf einen direkten Dialog mit Bürgern einlassen, welche bekanntermaßen einen anderen Standpunkt vertreten als sie selbst. Zumindest im Kontext von COVID-19 scheint dies nicht erwünscht zu sein – würde doch die breite Medienlandschaft sicherlich davon berichten, wenn solche Treffen mit Laien oder entsprechend kritischen Experten stattgefunden hätten. Es entsteht eher der Eindruck, dass die Politik sich hinter ihren Gesetzen und Regeln verschanzt und wenig Bereitschaft vorhanden ist, in den direkten und kritischen Dialog mit der Bevölkerung einzutreten. Es werden, wenn überhaupt, nur Zusammenkünfte aufgesucht, bei denen die Bürger mit hoher Wahrscheinlichkeit die Auffassung der Politiker teilen – wie zum Beispiel bei Wahlkampfveranstaltungen der eigenen Partei. Diese nicht vorhandene Bereitschaft zum breiten Diskurs erhöht wiederum die Distanz der Menschen zu hohen Amtsträgern und stellt sie auf ein unerreichbares Podest. Dies macht es in einer hierarchischen Gesellschaft wiederum vielen leicht, das Ansehen der Machthaber zu überhöhen, ihnen Kraft ihres Titels oder Amtes bestimmte Kompetenzen zuzuschreiben und ihnen in der Konsequenz blindlings Folge zu leisten. Jedoch wird einem bewussten Beobachter dieses Phänomens auch ersichtlich, dass dieses Verhalten nicht stimmig ist und infolgedessen bei einigen auch zu Ablehnung führt.

Darüber hinaus spielt das auf Seiten der Regierenden vorherrschende Menschenbild ebenfalls eine große Rolle dabei, wie sie mit der Bevölkerung im Allgemeinen und mit Kritikern im Besonderen umgehen. In dem bereits mehrfach zitierten Strategiepapier des Bundesinnenministeriums von April 2020 wird unter anderem unterstellt, dass viele Menschen die „Alten loswerden wollen", da diese „die Wirtschaft nach unten ziehen" und es ohnehin eine Überbevölkerung auf der Erde gäbe. Weiterhin wird darin gemutmaßt, dass viele bereits auf ihr Erbe spekulieren würden. Dies ist ein Menschenbild, das eine wenig differenzierte Betrachtung von COVID-19 in der Bevölkerung zugrunde legt und stattdessen vorwiegend niedere und egoistische Beweggründe unterstellt. Solch eine Auffassung auf Seiten der Obrigkeit muss zwangsläufig einhergehen mit einseitiger Propaganda, sowie Zwangsmaßnahmen, scharfen Kontrollen und entsprechenden Sanktionen.

Kommen dann neben den hier angeführten Propagandatechniken noch die in den folgenden Kapiteln beschriebenen weiteren Methoden der Manipulation und Indoktrination hinzu, wird es für viele Individuen nahezu unmöglich, sich eine breit aufgeklärte und entsprechend differenzierte eigene Haltung zu bilden. Dies schließt jedoch paradoxerweise nicht aus, dass die meisten Menschen davon ausgehen, vollumfänglich informiert zu sein und sich tatsächlich eine unabhängige Meinung gebildet zu haben. Eine Beobachtung, die man nicht nur im Zusammenhang mit COVID-19 immer wieder feststellen kann, sondern auch bei anderen religiösen, pädagogischen oder politischen Themenfeldern wie beispielsweise dem Umweltschutz.

Kapitel 3 – Komplexität, Verfügbarkeit von Informationen und Manipulation

Den Mangel an tiefer beziehungsweise echter eigener Befassung Einzelner mit politischen oder gesellschaftlichen Ereignissen begünstigt heutzutage noch, dass die Welt seit der Publikation von Erich Fromm deutlich schnelllebiger geworden ist und es vergleichsweise einen exponentiellen Zuwachs an Informationen gibt. Viele fühlen sich angesichts der heutigen Komplexität überfordert und scheuen daher die detaillierte Auseinandersetzung mit einem Thema. Zusätzlich ist es anstrengend und kostet es einen gewissen Aufwand, sich eingehend mit Geschehnissen wie COVID-19 zu befassen. Der reine Konsum von Inhalten aus den leicht zugänglichen Massenmedien scheint die einfachste Möglichkeit des Kenntniserwerbs zu sein, reicht jedoch bei Weitem nicht aus. *„Wissen bedeutet, durch die Oberfläche zu den Wurzeln und damit zu den Ursachen vorzudringen, die Realität in ihrer Nacktheit zu „sehen". Wissen bedeutet nicht, im Besitz von Wahrheit zu sein, sondern durch die Oberfläche zu dringen und kritisch und tätig nach immer größerer Annäherung an die Wahrheit zu streben"* (7 S. 57-58). Ein mühsamer, zeitaufwändiger Prozess, den die meisten nicht auf sich nehmen möchten und stattdessen lieber vermeintlichen Autoritäten oder Experten sowie der erhofften Unabhängigkeit der großen Medienorgane vertrauen. Das macht einiges leichter und bewährt sich für viele zumindest so lange, wie es nicht die weiter oben beschriebene Einschränkung der persönlichen Belange zur Folge hat.

Eine wichtige Rolle spielt hierbei auch der Glaube in der Existenzweise des Habens nach Fromm: *„Er besteht aus Formulierungen, die von anderen geschaffen wurden und die man akzeptiert, weil man sich diesen anderen – gewöhnlich einer Bürokratie – unterwirft. Er gibt einem ein Gefühl der Gewißheit aufgrund der realen (oder nur eingebildeten) Macht der Bürokratie. Er ist die Eintrittskarte, mit der man sich die Zugehörigkeit zu einer großen Gruppe von Menschen erkauft, er nimmt einem die schwierige Aufgabe ab, selbst zu denken und Entscheidungen zu treffen"* (7 S. 59-60). In diesem Sinne ist es also nicht nur Bequemlichkeit oder Überforderung, die viele davon abhält, sich eingehend mit einem Thema auseinanderzusetzen. Es ist auch die von Autoritäten ausgeübte Macht, die nicht angezweifelt wird – vor allem aus der Angst vor Repressalien heraus wie beispielsweise der Sorge, aus einer großen Gruppe ausgeschlossen zu werden und plötzlich einer Minderheit anzugehören oder gar ganz allein dazustehen. Umgekehrt ist laut Fromm *„Glaube in der Existenzweise des Seins (…) nicht in erster Linie ein Glaube an bestimmte Ideen (obwohl er auch das sein kann), sondern eine innere Orientierung, eine Einstellung"* (7 S. 61).

Fromm zufolge zeigen nach und nach mehr Menschen solch eine Einstellung und werden sich langsam der Tatsache bewusst *„… daß unsere Gedanken, Gefühle und unser Geschmack durch den Industrie-*

und Staatsapparat manipuliert werden, der die Massen-
medien beherrscht; ..." (7 S. 14).

Es kommt also in verschiedenen Teilen der Bevölkerung immer stärkerer Zweifel auf, ob hinter
den Maßnahmen einer Regierung tatsächlich das
fürsorgliche Streben nach allgemeinem Wohlergehen der Menschheit steht, oder ob diesen vielleicht
andere Motive zugrunde liegen. Solcher Zweifel äußert sich am Beispiel von COVID-19 darin, dass einige Menschen nach alternativen Erklärungen und
Erkenntnissen suchen, nicht mit allen Beschlüssen
des Staatsapparates konform gehen und auch den
Massenmedien nicht mehr vertrauen. Ein Phänomen, das Fromm bereits über 40 Jahre zuvor beschrieben hat und welches nicht nur auf COVID-19
beschränkt ist.

Dennoch wirkt es augenscheinlich so, als ob Personen mit einer kritischen Betrachtungsweise hinsichtlich COVID-19 deutlich in der Minderheit sind.
Teils könnte dies tatsächlich der Fall sein aus vorge-
nannt und weiter unten beschriebenen gesellschaftlichen Gründen. Es ist darüber hinaus jedoch auch
zu verzeichnen, dass die Kritiker deutlich weniger
Beachtung in der Allgemeinheit finden und ihre Position nicht repräsentativ in den breiten Medien aufgegriffen wird. Des Weiteren kommt noch hinzu,
dass sich Andersdenkende aufgrund von bereits beschriebenen Diffamierungen bis hin zu Strafandro-
hung häufig nicht öffentlich zu erkennen geben. Daher ist die absolute Zahl dieser tatsächlich schwer

einzuschätzen und vermutlich größer als zurzeit ersichtlich.

Kapitel 4 – Indoktrination und der Glaube an einen höheren Bezugsrahmen

Aus den in den vorangegangenen Kapiteln beschriebenen Gründen ist es nicht einfach, sich einer Staatsmacht und der zumindest vermeintlichen Mehrheit der Bevölkerung entgegenzustellen und eine abweichende Haltung zu demonstrieren. Nicht nur aufgrund der Angst vor Bestrafung oder gesellschaftlichem Ausschluss – häufig ist vielen nicht einmal bewusst, dass es Grund zum Zweifel geben könnte. Fromm beschreibt dies wie folgt: *„Die Gesellschaft und die Familie als deren psychosoziale „Agentur" haben ein schwieriges Problem zu lösen:* **Wie breche ich den Willen eines Menschen, ohne daß dieser es merkt?** *Durch einen komplizierten Prozeß der Indoktrination, durch ein System von Belohnungen, Strafen und entsprechender Ideologie wird diese Aufgabe im großen und ganzen jedoch so gut gelöst, daß die meisten Menschen glauben, ihrem eigenen Willen zu folgen, ohne sich bewußt zu sein, daß dieser konditioniert und manipuliert wurde"* (7 S. 99-100). Weiter sagt er: *„Der Mensch muß die Autorität fürchten lernen (…); der Bürger muß diese Furcht verinnerlichen und dem Ungehorsam eine moralische und religiöse Qualität verleihen: die der Sünde. Der Mensch respektiert die Gesetze nicht nur aus Angst vor Strafe, sondern auch, weil Ungehorsam in ihm Schuldgefühle auslöst. (…) Beide (Staat und Kirche) bedienten sich der Institution der Familie, die die Funktion hatte, das Kind von dem Augenblick an, in dem es zum ersten Mal einen eigenen Willen bekundete, zum*

Gehorsam zu erziehen (…). Der „Eigenwille" des Kindes mußte gebrochen werden, um sicherzustellen, daß es später als Bürger wunschgemäß funktionieren würde" (7 S. 148, 149).

Auch diese Unterwerfung gegenüber Autoritäten gepaart mit der Annahme, hierbei dennoch seinem eigenen Willen zu folgen, ist wiederum am Beispiel von COVID-19 gut zu beobachten. Menschen übernehmen widerstandslos und ungefragt die Auffassung der Obrigkeiten und halten sich an alle geforderten Maßnahmen. Konfrontiert man sie damit, dass es gegebenenfalls auch alternative Erkenntnisse und angemessenere Mittel geben könnte, so wehren viele dies kategorisch ab – zunächst mit der Begründung, dass die Entscheidungsträger und von ihnen zitierten Wissenschaftler schon recht haben werden. Sie glauben also das, was ihnen von höherer Stelle gesagt wird. Und dieser Glaube an höhere Autoritäten ist tief verwurzelt. Denn dringt man nun weiter in diejenigen ein und legt ihnen stichhaltige Gegenargumente vor, werden sie in ihrer Haltung meist nur massiver – ohne jedoch gleichfalls inhaltliche Begründungen anführen zu können, die aus einer eigenen fundierten Beschäftigung mit dem Thema stammen. Sie wiederholen lediglich die Erläuterungen der Machthaber und beziehen sich darauf, dass man diesen Stellen schon vertrauen könne und sie sicherlich nicht das Ziel hätten, der Bevölkerung Schaden zuzufügen. Und sie geben an, diese Argumente pro Regierung bereits verschiedensten Organen der Medienlandschaft entnommen zu haben – und wenn alle dies sagen, werde es schon richtig sein. Aus einer unbewussten Mischung aus der Angst vor Strafe, Schuldgefühlen und konditioniertem Willen heraus sind diese Personen nicht in der Lage, alternative Standpunkte in Betracht zu ziehen. Sie haben bereits in so vielen essenziellen Belangen ihres Lebens die Verantwortung an Obrigkeiten abgegeben, dass sie dies nun nicht mehr in Frage stellen – vermutlich gar nicht in Frage stellen können, da es einerseits einen Prozess der Bewusstwerdung voraussetzen würde und zum anderen mit einer Bedrohung oder gar Zerstörung ihres tief verankerten Welt- und auch Selbstbildes einher ginge.

Häufig wird in solch oberflächlichen Diskussionen auch der gesunde Menschenverstand angeführt, nach dem dies oder jenes vermeintlich zu einer logischen Schlussfolgerung führe und entsprechend alternativlos sei. Dies soll dann unter anderem als Beleg dafür dienen, dass man seinem eigenen Urteil folge, welches nicht von höherer Stelle übernommen wird, sondern auf dem gesunden Menschenverstand basiert. Fromm zufolge „… *wurden die vom sogenannten gesunden Menschenverstand geprägten Meinungen des normalen, das heißt gesellschaftlich angepaßten Bürgers für rational und keiner tiefenpsychologischen Analyse bedürftig gehalten. Diese*

*Annahme ist jedoch falsch. Unsere bewußten Motivationen, Ideen und Überzeugungen sind eine Mischung aus falschen Informationen, Vorurteilen, irrationalen Leidenschaften, Rationalisierungen und Voreingenommenheit, in der einige Brocken Wahrheit schwimmen, die uns die (freilich falsche) Gewißheit geben, daß die ganze Mischung real und wahr sei. Unser Denkprozeß ist bestrebt, diesen ganzen Pfuhl voller Illusionen nach den Gesetzen der Logik und Plausibilität zu organisieren. (...) Wir wissen es, wenn wir belogen oder ausgebeutet oder zum Narren gehalten werden, wenn wir uns selbst in die Tasche gelogen haben. (...) Doch während (unsere Vorfahren) sich ihres Wissens **bewußt** waren und es anwandten, verdrängen wir unser Wissen sofort, denn wenn es bewußt bliebe, würde unser Leben zu schwierig werden und – so reden wir uns ein – zu „gefährlich" sein"* (7 S. 122, 123). Diese Erläuterungen Fromms verdeutlichen, weshalb viele Menschen zwar noch eine gewisse Intuition besitzen für das, was richtig oder falsch ist, diese aber dennoch ignorieren und verdrängen und folglich nicht bereit sind, sich nach ihr zu richten. Sie führen also lieber vermeintliche Fakten und Argumente von Autoritäten und den angeblich gesunden Menschenverstand an, statt sich auf ihr eigenes Gefühl, ob etwas angemessen oder nicht ist, zu verlassen.

Vielmehr negieren sie sogar vehement, dass es alternative Sichtweisen geben könnte. Die meisten Bürger haben sich unbewusst so stark mit dem durch eine Obrigkeit und Mehrheit vorgegebenen

Orientierungsrahmen identifiziert, dass sie ihre eigene Auffassung und die ihrer Gruppe für die einzig gültige halten. Erich Fromm beschreibt dies wie folgt: „… *es ist leicht nachzuweisen, daß der Betreffende lediglich seine eigene Weltanschauung für selbstverständlich hält, weil sie ihm als die einzig vernünftige erscheint und ihm überhaupt nicht bewußt ist, daß alle seine Vorstellungen von einem allgemein akzeptierten Bezugsrahmen ausgehen. Wenn ein solcher Mensch mit einer fundamental anders gearteten Lebensanschauung konfrontiert wird, bezeichnet er diese als „verrückt, „irrational" oder „kindisch", während ihm nur seine Ansichten als „logisch" erscheinen"* (7 S. 169). Dieses Phänomen erklärt unter anderem, weshalb es vielen so leichtfällt, die in Teil 1 angeführten Diffamierungen der Maßnahmenkritiker als „Corona-Leugner", „Verschwörungsideologen" oder „Aluhutträger" von höherer Stelle oder aus den Medien zu übernehmen. Schließlich sprengen diejenigen, die die Verordnungen der Regierung anzweifeln, den allgemein akzeptierten Bezugsrahmen und dürfen deshalb als irrational gelten.

Fromm bezeichnet diesen Bezugsrahmen gar als eine Form der Religion, wobei er „Religion" wie folgt definiert: „*… jedes von einer Gruppe geteilte System des Denkens und Handels, das dem einzelnen einen Rahmen der Orientierung und ein Objekt der Hingabe bietet*" (7 S. 165). Folglich stützt sich für ihn „*Die Religion des Industriezeitalters (…) auf einen neuen Gesellschafts-Charakter, dessen Kern aus folgenden Elementen besteht: Angst vor mächtiger männlicher Autorität und*

Unterwerfung unter diese, Heranzüchtung von Schuld-
gefühlen bei Ungehorsam, Auflösung der Bande mensch-
licher Solidarität durch die Vorherrschaft des Eigennut-
zes und des gegenseitigen Antagonismus. „Heilig" sind
in der Religion des Industriezeitalters die Arbeit, das Ei-
gentum, der Profit und die Macht ..." (7 S. 179). Diese
Art von Religionszugehörigkeit ist den meisten
nicht bewusst, definieren sie Religion doch im klas-
sischen Sinne – also als Glauben an eine göttliche
Macht. Dennoch orientieren sich viele an einem bestimmten Bezugsrahmen und übernehmen infolgedessen ohne tiefere Auseinandersetzung die Thesen
und auch Regeln, die dieser vorgibt.

Kapitel 5 – Meinungen statt echter Überzeugungen

Dass die eben geschilderte unbewusste und unreflektierte Übernahme von Thesen oder Regeln zu einem hohen Grad Ergebnis einer Manipulation und Indoktrination ist und den Menschen häufig gar nicht alle relevanten Informationen zur Verfügung gestellt werden, ist den meisten ebenfalls nicht präsent. Im Gegenteil – sie sind der Auffassung, sich umfassend informiert und entsprechend eine differenzierte Meinung gebildet zu haben.

Fromm schreibt diese Methodik der Fehlinformation und Manipulation zum einen dem Staatsapparat zu: *„Ein hohes Informationsniveau ist eine entscheidende Voraussetzung für die Bildung einer echten Demokratie. Die Praxis, der Öffentlichkeit Informationen im angeblichen Interesse der „nationalen Sicherheit" vorzuenthalten oder diese zu fälschen, ist abzuschaffen"* (7 S. 237). Unter diese Praxis fällt auch das bereits an früherer Stelle geschilderte Vorgehen des Bundesinnenministeriums, welches das Robert-Koch-Institut und andere Einrichtungen aufgefordert hat, ein Rechenmodell zu erstellen, über das harte COVID-19 Maßnahmen gerechtfertigt werden können. Neben solchen Einflussnahmen durch die Regierungsbehörden nimmt Fromm bereits in den 1970er Jahren auch die Medien in die Verantwortung: *„Die sogenannten großen Zeitungen informieren besser, aber sie fehlinformieren auch besser: in dem sie nicht alle Nachrichten unparteiisch wiedergeben, (…). Zeitungen,*

*Nachrichtenmagazine, Fernsehen und Radio produzieren aus dem Rohstoff der Ereignisse die Ware: **Nachrichten**. Nur Nachrichten sind verkäuflich, und die Nachrichtenmedien bestimmen, welche Ereignisse zu Nachrichten aufbereitet werden und welche nicht. Die Informationen, die der Bürger erhält, sind bestenfalls zurechtgestutzt und oberflächlich und geben ihm kaum die Möglichkeit, tiefer in die Materie einzudringen und die eigentlichen Ursachen von Ereignissen zu erkennen"* (7 S. 238). Im Zusammenhang mit COVID-19 ist über dieses Phänomen der Nachrichtenselektion und -aufbereitung hinaus noch eine erstaunlich gleichartige Berichterstattung über alle großen Organe der Massenmedien hinweg zu beobachten. Nach den weiter oben beschriebenen Propagandatechniken von Henry T. Conserva entspricht dies der Methodik des „Agenda-Setting", das heißt, Medien beeinflussen durch die Themenwahl und Schwerpunktsetzung nicht nur, was die Menschen inhaltlich über bestimmte Dinge denken, sondern setzen auch die Agenda, über welche Themen sie nachdenken und was sie für wichtig erachten (133). Umso schwieriger für die Allgemeinheit, sich bei solch selektiver und einseitiger Ausrichtung der Kommunikation und Berichterstattung selbst ein differenziertes Urteil zu bilden – beziehungsweise gar unmöglich, solange keine eigene tiefe Recherche erfolgt.

Auch rund vier Jahrzehnte nach Erich Fromms Publikation stehen der Staatsapparat und die Medien weiterhin in der Kritik. So erläutern beispiels-

weise der US-amerikanische Ökonom und Medien-
analyst Edward S. Herman und der emeritierte Professor für Linguistik Avram Noam Chomsky in ihrem Buch *„Manufacturing Consent"*, wie durch politische und ökonomische Machtstrukturen bestimmt
wird, ob und wie Nachrichten die Bevölkerung erreichen (139). Die beiden Autoren haben ein Propagandamodell entwickelt, welches beschreibt, wie
die öffentliche Meinung gelenkt und gesellschaftlicher Konsens zugunsten einer Oberschicht produziert wird, wobei gleichzeitig jedoch die Illusion
von freien Medien und demokratischer Meinungsbildung gewahrt bleibt (140). Herman und
Chomsky benennen in diesem Modell fünf Filter,
welche die wirtschaftlichen und politischen Ein-
flussfaktoren darstellen, die bestimmen, ob und wie
eine Nachricht vermittelt wird. Der erste Filter besteht aus den Eigentumsverhältnissen und den damit verbundenen Interessen. Es ist also für die Aus-
wahl von Nachrichten ausschlaggebend, in wessen
Besitz ein Medienorgan steht und von wem dieses
finanziert wird. Frei nach dem Motto „beiße nie die
Hand, die dich füttert", wird eine durch einen bestimmten Konzern oder eine gewisse Partei finan-
zierte Zeitung wohl kaum negativ über diese Institutionen berichten. Analog hierzu spielen im Rahmen des zweiten Filters nach Herman und
Chomsky auch Einnahmequellen durch Werbung
eine Rolle, die wiederum den Inhalt bestimmen –
erneut frei nach dem Motto „wer die Musik zahlt
bestimmt, was gespielt wird". Der dritte Filter der

beiden Autoren bezieht sich auf den Ursprung der Nachrichten. Werden diese von unabhängigen Journalisten recherchiert oder ohne größere Recherche aus den Pressemitteilungen von Unternehmen oder politischen Gruppierungen übernommen? Letzteres lässt sich heutzutage immer häufiger beobachten und geht auf Kosten der Neutralität, Objektivität und Vielfalt der Nachrichten. Filter vier nach Herman und Chomsky beleuchtet die Einflussnahme auf Medien über öffentliche Bestrafung oder Geldentzug, wenn aus Sicht der Machthaber eine unerwünschte Berichterstattung erfolgt oder droht. Exemplarisch für diesen vierten Filter wird eine Fluglinie genannt, die einer großen Tageszeitung mit Kündigung von rund 10.000 Abonnements droht aufgrund von negativer Berichterstattung über die Hintergründe eines Pilotenstreiks. Der fünfte und letzte Filter aus Hermans und Chomskys Propagandamodell ist die Antiideologie. Für die USA nennen die beiden Autoren als Exempel die Schaffung eines gemeinsamen Feindes, wie früher den Kommunismus und später den islamischen Terrorismus, worüber in der Folge dieses Feindbildes Unterstützung für die herrschende Politik erzeugt wird. Auch die in Teil 1 beschriebene durch das Bundesinnenministerium geforderte ständige Verbreitung des „worst case Szenarios" hinsichtlich COVID-19 kann als Beispiel dienen, Angst auszulösen und somit das Virus aber auch alle Kritiker der Maßnahmen als gemeinsamen Feind zu positionieren (8). Infolgedessen lässt sich leichter eine breite

Unterstützung für die Regierung und die von dieser erlassenen restriktiven Auflagen erzielen.

Legt man diese Methoden der Propaganda und Manipulation zugrunde, stellt bereits Fromm folgerichtig die Frage: *„Was sind denn die „Meinungen" (…) anderes als die Ansichten von Menschen, denen es an ausreichender Information und an Gelegenheit zu kritischer Reflexion und Diskussion fehlt? (…) Um zu echten Überzeugungen zu kommen, bedarf es zweier Voraussetzungen:* **adäquate Informationen und das Bewußtsein, daß die eigene Entscheidung wirkmächtig ist.** *Die Meinungen des machtlosen Zuschauers drücken nicht dessen Überzeugungen aus, sondern sind so unverbindlich und trivial wie die Bevorzugung einer Zigarettenmarke. Aus diesen Gründen repräsentieren die in Umfragen und Wahlen geäußerten Meinungen die niedrigste, nicht die höchste Ebene menschlicher Urteilsfähigkeit"* (7 S. 223-224). Dass die Auffassung der meisten intentional über kommerzielle und politische Werbung und Berichterstattung manipuliert wird, führt für den Psychoanalytiker Erich Fromm zu alarmierenden Konsequenzen: *„Wir sind aber nicht bei vollem Verstand, weil wir mit hypnoseähnlichen Propagandamethoden bearbeitet werden. (…) Die in der Werbung und der politischen Propaganda angewandten hypnoseähnlichen Methoden stellen eine ernste Gefahr für die geistige und psychische Gesundheit, speziell für das klare und kritische Denkvermögen und die emotionale Unabhängigkeit dar"* (7 S. 229). Folgerichtig lässt sich feststellen, dass die Mehrheit der Bevölkerung den Techniken der Manipulation unbewusst unterliegt und sich auf die durch höhere Stellen und breite Medien zur Verfügung gestellten Informationen verlässt, um sich daraus eine vermeintlich differenzierte Meinung zu bilden. Diese Position wird tief verinnerlicht und als eigene Auffassung wiedergegeben und daher auch gegenüber anderslautenden Standpunkten vehement verteidigt.

Analog hierzu beschrieb bereits Mitte der 1950er Jahre Albert Biderman mit Hilfe seines „Diagramm des Zwangs" verschiedene Maßnahmen zur Brechung des Willens und Erzeugung von Gehorsam (141). Zu diesen Methoden gehören:

1. Isolation
Über Isolation wird der direkte Kontakt eines Menschen zu anderen unterbunden oder stark begrenzt. Hiermit wird ihm soziale Unterstützung entzogen und seine Fähigkeit, Widerstand zu leisten, eingeschränkt. Im Zusammenhang mit COVID-19 stellt sich die Frage, ob Maßnahmen der sozialen Distanzierung, Isolierung von Freunden und Angehörigen, Ausgangssperren oder Quarantäne sowie alle mit einem Lockdown einhergehenden sozialen Beschränkungen bereits als eine Form der Isolation betrachtet werden können und entsprechend negative Auswirkungen auf einzelne Personen oder ganze Bevölkerungsgruppen haben. Und ob sie nicht auch

dazu dienen, einen möglichen Widerstand dagegen zu brechen.

2. Monopolisierung der Wahrnehmung

Wie bereits weiter oben durch Erich Fromm und auch durch Henry T. Conserva beschrieben reagiert unser Verstand auf Wiederholungen. Das bedeutet, eine Aussage muss nur oft genug kolportiert werden, bis der menschliche Verstand sie als wahr akzeptiert – selbst, wenn es sich dabei um eine Lüge handelt. Fromm bezeichnet dies als hypnoseähnliche Propagandamethodik. In Bezug auf COVID-19 lässt sich feststellen, dass kein Thema die politische Agenda und die Medienlandschaft seit über einem Jahr so stark dominiert wie dieses. Und es lässt sich wie bereits mehrfach beschrieben beobachten, dass die allgemeine Debatte und die Berichterstattung in den breiten Medien vorwiegend einseitig erfolgt. Dies hat zur Folge, dass viele Menschen überzeugt sind, sich umfassend informiert und eine eigene unabhängige Meinung gebildet zu haben, welche ihrer Ansicht nach auf fundierten Fakten und der Wahrheit basiert. Darüber hinaus lässt es keine Zweifel oder Kritik an den Anordnungen der Regierung zu.

3. Demütigung und Erniedrigung/Degradierung

Über die bereits im ersten Teil dieses Buches beschriebenen und auch von Henry T. Conserva benannten Techniken der Diffamierung und Verleumdung wird erzielt, dass Maßnahmenkritiker immer mehr den Mut zum Widerstand verlieren. Dies ist auch im Kontext von COVID-19 zu beobachten. So werden Menschen mit anderslautenden Auffassungen als die der Regierung beispielsweise ohne tiefere Auseinandersetzung mit ihrer Perspektive pauschal als „Corona-Leugner", „Covidioten", „Verschwörungsideologen" oder „Rechtsextreme" bezeichnet. Dies hat neben der Entmutigung derer, die ihre Zweifel bereits offen äußern, den Effekt, dass andere sich dem Widerstand erst gar nicht anschließen aus Angst vor Demütigung oder Erniedrigung. Oder aus dem Glauben heraus, dass alle Kritiker tatsächlich irrational seien und daher kein Anlass besteht, sich mit ihrem Standpunkt zu befassen.

4. Induzierte Erschöpfung und Entkräftung

Menschen sind leichter beeinflussbar, wenn sie mental oder körperlich geschwächt sind. Dies ist auch der Grund, weshalb Schlafentzug als Foltermethode angewandt wird. Hierüber können Schuldeingeständnisse für bestimmte Taten erzwungen werden – selbst wenn derjenige diese eigentlich nicht begangen hat. In einem Zustand der Entkräftung sind die meisten bereit, Zugeständnisse zu machen, die sie unter normalen Umständen nicht eingehen würden. Die bereits an früherer Stelle beschriebene Induzierung von Angst vor COVID-19 gepaart mit gleichzeitigen Verboten von positiven gesellschaftlichen Aktivitäten wie sozialen Treffen, kulturellen Events, Sport oder Reisen kann ebenfalls zu einem Zustand der emotionalen Erschöpfung führen. In Folge dieses Dauerstresses sind Menschen wiederum leichter manipulierbar und willens, sich bestimmten Einschränkungen zu fügen. Beziehungsweise sie haben nicht mehr genug Kraft, sich dagegen aufzulehnen.

5. Bedrohung

Die Androhung und auch Umsetzung von negativen Folgen, Strafen und Gewalt bei Nichteinhaltung von Regeln nimmt einzelnen ihre Entscheidungsmacht und führt dazu, dass sie von anderen dominiert werden können. Ein Beispiel hierzu hinsichtlich COVID-19 ist der Umgang mit Ärzten, die einigen Patienten aufgrund von Vorerkrankungen per Attest bescheinigen, dass sie aus gesundheitlichen Gründen keine Mund-Nase-Bedeckung tragen können. Diese sehen sich mit hohen Strafen bis hin zum Verlust der Approbation bedroht sowie mit teils verdeckten Recherchen oder medienwirksamen Razzien in ihren Praxen konfrontiert, wie der Allgemeinmediziner Dr. Thomas Külken aus Staufen. Er hat insgesamt 13 Patienten bescheinigt, dass sie aufgrund einer medizinischen Indikation keine Maske tragen können. Daraufhin wird seine Praxis polizeilich durchsucht und Einsicht in die Krankenakten der Patienten genommen. Dr. Thomas Külken gibt an, dass er sich nichts vorzuwerfen habe (142). In Kombination mit einer breiten öffentlichen Berichterstattung über dieses Vorgehen werden Exempel statuiert. Auf diese Weise kann verhindert werden, dass Berufskollegen es solchen Ärzten gleichtun – selbst wenn aus medizinischer Indikation ein entsprechendes Attest gerechtfertigt wäre. Vergleichbare Bedrohungen im Zusammenhang mit COVID-19 sind die teils hohen Bußgelder, die auf das Nicht-Einhalten der Auflagen angesetzt werden wie ein Verstoß gegen die Maskenpflicht oder gegen Ausgangssperren. So wird ein Eis essendes Paar in Würselen mit 400,- Euro Strafe belegt, da sie sich nicht weit genug von der Eisdiele entfernen und damit den Mindestabstand von 50 Metern unterschreiten (143).

6. Gelegentliche Zugeständnisse

Gelegentliche Zugeständnisse helfen, jemanden auch bei größeren Einschränkungen umgangssprachlich „bei der Stange" zuhalten. Sie erleichtern die Manipulation dahingehend, dass diejenigen, die sich bestimmten Auflagen unterwerfen müssen, in der Hoffnung gelassen werden, hierfür hin und wieder belohnt zu werden. So lässt sich auch im Umgang mit Lockdown-Bestimmungen zu COVID-19 beobachten, dass immer wieder von Lockerungen die Rede ist, wie einer Wiedereröffnung der Friseurgeschäfte oder der Restaurants mit begrenzten Kapazitäten. Dies ist jedoch an die Bedingung geknüpft, dass alle Menschen sich an die Anordnungen halten und infolgedessen die sogenannten Fallzahlen rückläufig sind. Die in Aussicht gestellten Lockerungen sind also die berühmte „Möhre vor der Nase" um zu bewirken, dass die Bevölkerung sich weiterhin den Restriktionen unterwirft und keinen Widerstand leistet. Das es wie bereits an früherer Stelle beschrieben bis dato keinen eindeutig erkennbaren und nachgewiesenen Zusammenhang zwischen Maßnahmen des Lockdowns und Entwicklung des so bezeichneten Infektionsgeschehens gibt, wird hierbei außer Acht gelassen beziehungsweise findet keine Erwähnung in der öffentlichen Debatte. Und auch die Tatsache, dass es sich bei diesen Lockerungen im eigentlichen Sinne um selbstverständliche Grundrechte handelt, wird hier nicht berücksichtigt. Schon die Bezeichnung als „Lockerung" ist an dieser Stelle absurd, da es sich lediglich um die Aufhebung zuvor getroffener Einschränkungen handelt.

7. Bagatellforderungen erzwingen

Diese Methode wird häufig auch als „Foot in the Door"-(Fuß in der Tür)-Technik von Vertretern angewandt oder im Zuge von sogenannten „Butterfahrten". Bekomme ich mein Gegenüber dazu, zunächst auf eine kleine, gegebenenfalls sogar absurde Forderung einzugehen, so fällt es ihm umso schwerer, später bei einer größeren Forderung nein zu sagen. Auch im Kontext von COVID-19 lässt sich beobachten, dass nicht sofort eine unmittelbare und gleichzeitige Umsetzung harter Einschränkungen erfolgt ist. Es werden vielmehr nach und nach immer restriktivere Verordnungen erlassen. Und da sich viele Menschen bereits an die milderen Einschränkungen gewöhnt haben, sind sie eher geneigt, auch größere Beeinträchtigungen in Kauf zu nehmen, die sie gegebenenfalls als zu extrem empfunden hätten, wenn sie von Beginn an direkt umgesetzt worden wären.

Neben diesen sieben initial durch Biderman beschriebenen Maßnahmen des Zwangs sind noch zwei weitere Methoden zur Brechung des Willens und Erzeugung von Gehorsam zu erwähnen:

8. Die Demonstration von Allmacht
Über eine Zurschaustellung der Omnipotenz durch Machthaber wird die Vergeblichkeit des Widerstands suggeriert und dieser damit idealerweise bereits im Keim erstickt. Einen Aufstand möglichst früh zu unterbinden, notfalls über die Anwendung von Gewalt, wäre ein Exempel für diese Technik. Hinsichtlich COVID-19 demonstriert die Regierung diese Allmacht über die im ersten Buchteil geschilderte Ausübung des Gewaltmonopols des Staates bei Kundgebungen gegen die Auflagen. Der Staat ist in der Lage, Demonstrationen jederzeit zu verbieten, zu beschränken oder aufzulösen und bedient sich dabei notfalls gewaltsamer Mittel. Dies erzielt bei vielen die gewünschte Wirkung und sie beteiligen sich erst gar nicht an Protestmärschen.

9. Das Opfer vom Täter abhängig machen
Je abhängiger ein Opfer von seinem Täter ist, desto leichter ist es durch ihn manipulierbar. Kinder sind

hier das beste Beispiel: je jünger sie sind, desto mehr lassen sie sich durch Eltern und andere sogenannte Erziehungsberechtigte beeinflussen. In Bezug auf COVID-19 stellt sich die Frage, inwieweit durch die getroffenen Maßnahmen wie Berufsverbote oder Kurzarbeit für viele Menschen eine finanzielle Abhängigkeit von staatlichen Zuwendungen geschaffen wird und sie somit unfreiwillig in eine „Opferrolle" gedrängt werden. Dies ermöglicht es wiederum, die in die Abhängigkeit geratenen Bevölkerungsteile stärker in eine gewünschte Richtung zu lenken und zu manipulieren.

Es lässt sich an dieser Stelle schlussfolgern, dass die hier beschriebenen Methoden in Anlehnung an das „Diagramm des Zwangs" von Albert Biderman im Zusammenhang mit COVID-19 intentional zur Beeinflussung der Mehrheitsmeinung angewandt werden. Manipulation bedeutet definitionsgemäß „… *die gezielte und verdeckte Beeinflussung anderer Personen zum eigenen Vorteil, die anderen das subjektive Gefühl gibt, sich frei entscheiden zu können"* (144). Begründet wird der Einsatz jener Mittel mit dem Aspekt der Fürsorge, also dem vorgeblichen Gesundheitsschutz. Solch ein Vorgehen ist jedoch erneut besonders zu hinterfragen, wenn es auf Seiten der Obrigkeiten erfolgt. Denn in jedem Fall kann die Anwendung der beschriebenen Methoden der Manipulation und Propaganda bewirken, dass Machthaber mit ihrer Hilfe entsprechende negative Konsequenzen für die Bevölkerung erzielen und diese dazu zwingen, einer bestimmten Auffassung zu folgen. Daher sind sie auch unter diesem Aspekt kritisch zu betrachten und sorgsam abzuwägen in der dringend erforderlichen breiten Debatte um Fürsorge oder Freiheit.

Kapitel 6 – Gesellschaftliche Anpassung als Erfolgsfaktor

Es sind jedoch nicht nur der Mangel an objektiven und vollständigen Informationen beziehungsweise die bewusste Manipulation, die Angst vor Repressalien sowie die unbewusst von Autoritäten übernommenen Thesen und Regeln, die eine eigene Auseinandersetzung mit wichtigen Themen verhindern. Auch die Furcht vor gesellschaftlichem Ausschluss spielt eine große Rolle dabei, wenn Menschen unreflektiert die Mehrheitsmeinung übernehmen. Dies ist nach Fromm *„Das Verlangen, mit anderen eins zu sein ..."* und *„... die Hauptantriebsfeder des Bedürfnisses, sich anzupassen: Die Angst, zum Außenseiter zu werden, ist noch größer als die Angst vor dem Tode"* (7 S. 131).

Umgekehrt führt ein hohes Maß an Anpassung auch zu vermeintlich positiven Effekten und verspricht nach Fromm einen entsprechenden gesellschaftlichen Erfolg. Er beschreibt in seinem Werk den sogenannten „Marketing-Charakter": *„Um Erfolg zu haben, muß man imstande sein, in der Konkurrenz mit vielen anderen seine Persönlichkeit vorteilhaft präsentieren zu können. (...) Das oberste Ziel des Marketing-Charakters ist die vollständige Anpassung, um unter allen Bedingungen des Persönlichkeitsmarktes begehrenswert zu sein. (...) (Der Marketing-Charakter) ändert sein Ich ständig nach dem Prinzip: „Ich bin so, wie du mich haben möchtest"* (7 S. 181).

Im Hinblick auf COVID-19 lässt sich feststellen, dass Angst vor Strafe oder Benachteiligung nicht die einzigen Motive für eine unreflektierte Akzeptanz aller Einschränkungen sind. Es ist auch gesellschaftlich opportun, nicht auszuscheren und damit nach Fromm „so zu sein, wie die anderen einen haben möchten". Einige versprechen sich vermutlich hiervon, sogar erfolgreicher zu sein, als wenn sie sich dagegen auflehnen. Würde man nicht vielleicht eher in einem Restaurant essen gehen, dass sämtliche Auflagen erfüllt und dass beispielsweise die Nachverfolgbarkeit aller Gäste sicherstellt? Oder mit einer Fluggesellschaft verreisen, die nur geimpfte Passagiere befördert – alles aus Gründen der vermeintlichen Sicherheit?

So wie die Inhaber solcher Betriebe und Unternehmen versprechen sich auch Einzelpersonen positive gesellschaftliche oder wirtschaftliche Konsequenzen davon, wenn sie sich anpassen und die vorgegebenen Regeln befolgen. Es geht also nicht nur um die Vermeidung von Nachteilen, sondern auch um das ganz bewusste Erlangen von Vorteilen als Ergebnis der eigenen Anpassung.

Kapitel 7 – Mobilisierung der menschlichen Opferbereitschaft

Zu den in den vorstehenden Kapiteln beschriebenen Phänomenen kommt hinzu, dass Menschen speziell in Bezug auf die eigene Gesundheit besonders leicht manipulierbar sind. *„Ob wir glücklich oder unglücklich sind, unser Körper drängt uns, nach* **Unsterblichkeit** *zu streben. Aber da wir aus Erfahrung wissen, daß wir sterben werden, suchen wir nach Lösungen, die uns glauben machen, daß wir der empirischen Evidenz zum Trotz unsterblich sind. (…) In dem Maße, in dem wir in der Existenzweise des Habens leben, müssen wir das Sterben fürchten …"* (7 S. 104, 156). Diese von Erich Fromm beschriebene Angst vor dem Tod macht deutlich, weshalb viele insbesondere in Verbindung mit COVID-19 bereit sind, für die vorgebliche körperliche Unversehrtheit und Gesundheit essenzielle Freiheiten aufzugeben. Sie sind vergleichsweise willens, sich einer Ausgangssperre zu unterwerfen oder Einschränkungen in ihrer Berufsausübung. Gegebenenfalls sind sie sogar bereit, einem Testzwang sowie einer direkten oder indirekten Impfpflicht nachzukommen. Erst recht, wenn dies mit dem Argument verknüpft wird, dass man hierüber nicht nur sich selbst, sondern auch andere schütze.

Hinzu kommt *„… daß Krieg und Leiden eher imstande sind, die menschliche Opferbereitschaft zu mobilisieren, als ein friedliches Leben …"* (7 S. 127). Eine beängstigende Vision zu kreieren von großem Leid und Bedrohung der eigenen Gesundheit und der anderer bis hin zum Tode hilft folglich dabei, einschränkende Maßnahmen durchzusetzen und die Freiheit der Menschen zu beschränken, ohne auf großen Widerstand zu stoßen. Dies führt sogar so weit, dass Teile der Bevölkerung gegeneinander aufgehetzt werden und sich gegenseitig kontrollieren oder gar diffamieren.

Umgekehrt bewegt ein positiver Ausblick darauf, sich über eine Impfung eigene Vorteile zu sichern wie den Besuch von Restaurants und Veranstaltungen oder die Möglichkeit des uneingeschränkten Reisens viele dazu, sich ebendieser Impfung zu unterziehen. Dass diese sogenannten „Privilegien" zu den Grundfesten einer Demokratie gehören, noch wenige Monate vorher selbstverständlich sind, und ohne an Bedingungen geknüpft zu sein jedem zugänglich sein müssen, gerät hierbei kurzerhand aus dem Blick. Im Gegenteil befasst sich sogar ein Forscherteam der Berliner Humboldt-Universität damit, wie die Impfbereitschaft in der Bevölkerung erhöht werden kann (145). Die Wissenschaftler empfehlen unter anderem die „Rückgabe von Freiheiten für Geimpfte", ohne das dies einer gesellschaftskritischen Diskussion in Bezug auf das Grundgesetz unterzogen wird.

Viele Menschen scheinen also schnell bereit zu sein, ihre Freiheit aufzugeben zugunsten der vermeintlichen Fürsorge, zumindest wenn sonst augenscheinlich ihre Gesundheit oder gar ihr Leben bedroht wirkt.

Kapitel 8 – Bürokratie

Bedient man sich als Staat über all dies hinaus noch eines entsprechend bürokratischen Verwaltungsapparates, wie er beispielsweise in Deutschland mit seiner Vielzahl an Ministerien, Behörden und Ämtern vorherrschend ist, die die entsprechenden Gesetze, Verordnungen und Regeln umsetzen sollen, dann trägt dies nach Fromm zur allgemeinen Entfremdung von der Menschlichkeit bei sowie zu mangelnder Übernahme von eigener Verantwortung. Dabei definiert er Bürokratismus als Methode *„... bei der a) Menschen wie Dinge verwaltet werden und b) Dinge nach quantitativen statt qualitativen Gesichtspunkten behandelt werden, um die Quantifizierung und Kontrolle zu erleichtern und zu verbilligen. Das bürokratische Verfahren wird von statistischen Daten gesteuert. Bürokraten handeln aufgrund starrer Regeln, die auf statistischen Daten basieren, nicht in* **spontaner Reaktion auf die vor ihnen stehenden Personen.** *Sie entscheiden Sachfragen anhand der Fälle, die statistisch am häufigsten vorkommen, und nehmen dabei in Kauf, daß Minderheiten von fünf oder zehn Prozent Schaden erleiden. Der Bürokrat fürchtet persönliche Verantwortung und sucht hinter seinen Vorschriften Zuflucht. Was ihm Sicherheit und Stolz gibt, ist seine Loyalität gegenüber den Gesetzen, nicht seine Loyalität gegenüber den Geboten der Menschlichkeit. (...) Sobald der lebendige Mensch zu einer Nummer reduziert ist, kann der echte Bürokrat Akte äußerster Grausamkeit begehen, nicht weil er von einem seinen Taten entsprechenden*

Maß an Grausamkeit dazu getrieben würde, sondern weil ihn kein menschliches Band mehr mit seinem Untergebenen verbindet. (...) Ihr Gewissen ist identisch mit Pflichterfüllung. Mit Menschen Mitgefühl und Mitleid zu haben, gibt es für sie nicht" (7 S. 226, 227).

Man kann an dieser Stelle schlussfolgern, dass die im Zusammenhang mit COVID-19 postulierten Statistiken zu Infektionszahlen, Inzidenzwerten oder Todesfällen nicht nur hilfreich sind, um wie weiter oben beschrieben Ängste in der Bevölkerung zu schüren und darüber eine große Gefolgschaft für die Regierungsmaßnahmen zu generieren. Sie helfen des Weiteren auch im Sinne einer Bürokratie, Gebote der Menschlichkeit außer Acht zu lassen und Anordnungen durchzusetzen, die nicht nur Einzelnen, sondern sogar größeren Teilen der Gesellschaft Schaden zufügen, wie zum Beispiel in Bezug auf die freie Berufsausübung. Es wird billigend in Kauf genommen, dass ein nicht unerheblicher Prozentsatz der Betroffenen durch die Auflagen nicht seiner beruflichen Tätigkeit nachkommen darf und entsprechende finanzielle Einbußen bis hin zur Arbeitslosigkeit oder Insolvenz hinnehmen muss. Dies wird mit Statistiken und Daten gerechtfertigt; Mitgefühl spielt in dieser Debatte jedoch eine untergeordnete Rolle. Fromm geht nicht davon aus, dass jeder in einer Verwaltung arbeitende Mensch automatisch ein Bürokrat ist. Doch wenn auf die Frage, warum diese Person eine bestimmte Entscheidung gefällt hat, ausschließlich die Antwort resultiert, dass sie den Vorschriften gefolgt sei, dann legt dies ein hohes Maß an Verantwortungsaufgabe und Entmenschlichung im Sinne der Bürokratie nahe. Dies könnte auch eine mögliche Erklärung für das in Teil 1 geschilderte gewalttätige Verhalten von einzelnen Staatsdienern gegenüber Demonstrationsteilnehmern sein. Die Demonstranten haben sich zwar vorwiegend friedlich verhalten – doch gemäß dem Gewaltmonopol des Staates sind die Ordnungskräfte berechtigt, Gewalt anzuwenden, wenn vergleichsweise ihrer Aufforderung, den Demonstrationsort zu verlassen, nicht Folge geleistet wird.

Eine starre Bürokratie ist nicht in der Lage, einen gesellschaftlichen Wandel zu unterstützen und mehr Eigenverantwortung des Einzelnen zu generieren. Erich Fromm fordert als Gegenpol zu einer Bürokratie folglich auch die aktive Mitbestimmung durch alle Bürger, denn „... *weder für die alten noch für die neuen Bürokraten ist in der Mitbestimmungsdemokratie Platz, denn der bürokratische Geist ist unvereinbar mit dem Prinzip aktiver Mitbestimmung des einzelnen*" (7 S. 228).

Doch wie kann es gelingen, dieses vermeintliche Dilemma beziehungsweise diesen vorgeblichen Konflikt zwischen Fürsorge und Freiheit aufzulösen? Wie ist es möglich, die Bevölkerung und als Konsequenz daraus auch den Regierungsapparat zu mehr aktiver Mitbestimmung zu bewegen? Hierzu finden sich einige alternative Ansätze im vierten Teil dieses Buches. Zunächst wird jedoch im nachfolgenden dritten Teil aus einer vorwiegend

psychologischen Perspektive auf mögliche gesellschaftliche und individuelle Auswirkungen der bisher geschilderten Phänomene eingegangen.

TEIL 3 – Über den Umgang mit gesellschaftlichen Werten am Beispiel von COVID-19: potenzielle Auswirkungen

In Teil 1 dieses Buches wurde beschrieben, wie Regierung und Medien über die Anwendung bestimmter Techniken – hier am Exempel der Kunstgriffe von Arthur Schopenhauer – anderslautende Auffassungen bezüglich COVID-19 ins Unrecht setzen und damit einen differenzierten Diskurs zu diesem Thema unterbinden. In Teil 2 wurden mit Hilfe des Werkes *„Haben oder Sein"* von Erich Fromm mögliche Erklärungsansätze für dieses Verhalten erläutert, wie beispielsweise Selbstsucht oder Machtstreben und damit einhergehende Methoden der Manipulation, Propaganda und Indoktrination. Selbst wenn man diese Beobachtungen und mögliche Erklärungen anerkennt, könnte sich dem einen oder anderen die Frage stellen, was denn so gravierend daran sei. Es werden immer wieder Argumente angeführt, dass es dem Großteil der Bevölkerung doch gut ginge und man vergleichsweise froh sein könne, in einem Land wie Deutschland leben zu dürfen, welches so hervorragend mit COVID-19 umginge. Auch Bundesgesundheitsminister Jens Spahn sagt in einem Interview mit dem ZDF am 31. August 2020: *„Ich frage mich manchmal, in welchem anderen Land als in Deutschland wollen diese Menschen lieber leben – mir fällt da kein Land auf der Welt ein, wo ich aktuell lieber wäre als in Deutschland"* (146). In dem gleichen Interview gibt er an, dass es wichtig sei, einander zuzuhören und Argumente abzuwägen. Trotz dieser und anderer ähnlich gerichteter Einlassungen hochrangiger Politiker ist jedoch der entsprechend kontroverse Dialog mit der Bevölkerung oder mit Experten, die eine abweichende Position vertreten, nach wie vor kaum erlebbar. Und selbst unter Annahme der edelsten und positivsten Motive wie dem Gesundheitsschutz der Allgemeinheit ist es von großer Wichtigkeit, zunächst einmal die tatsächliche von SARS-CoV-2 ausgehende Gefahr realistisch einzuschätzen. Und darüber hinaus auch mögliche negative Konsequenzen des Vorgehens der Regierenden und der durch sie ergriffenen Mittel abzuwägen, die teils verheerende Folgen haben können. Diese differenzierte Auseinandersetzung mit Werten wie der Fürsorge versus denen der Freiheit findet nach wie vor nicht statt. Daher werden in diesem dritten Buchteil unter anderem aus psychologischer Sicht mögliche negative Effekte der COVID-19 Maßnahmen, aber auch der in Teil 1 und 2 beschriebenen Techniken der Machtausübung und Meinungsbildung aufgezeigt.

Kapitel 1 – Mögliche Auswirkungen auf Kinder und Jugendliche

Kinder und Jugendliche unterschiedlichen Alters befinden sich in verschiedenen Stadien der Entwicklung, nicht nur bezogen auf körperliche Prozesse, sondern auch hinsichtlich ihrer Persönlichkeit, ihres Sozialverhaltens und ihrer mentalen Konstitution. Daher sind sie besonders vulnerabel, also anfällig oder „verletzlich" für Einflüsse von außen, die ihre Entwicklung beeinträchtigen können. Aus diesem Grund sind die im Zusammenhang mit COVID-19 erlassenen Restriktionen insbesondere im Hinblick auf Kinder und Jugendliche kritisch zu betrachten. Mögliche Effekte hiervon wirken sich mit hoher Wahrscheinlichkeit nicht nur kurzfristig auf diese aus, sondern nehmen gegebenenfalls auch dauerhaft Einfluss auf die Psyche der Kinder bis hinein in das Erwachsenenalter. Auch der Göttinger Neurobiologe und Hirnforscher Dr. Gerald Hüther ist der Auffassung, dass der Lockdown Kindern langfristig schadet (147). Ihm zufolge geht das aufgrund der COVID-19 bedingten Einschränkungen unterdrückte Bedürfnis nach Kontakt der Kinder zu anderen bei ihnen unter anderem einher mit dauerhaften neuronalen Veränderungen im Gehirn. Diese können auch nach Aufhebung der Verbote bestehen bleiben. Das bedeutet, dass Kinder gegebenenfalls auch zu späteren Zeitpunkten kein Bedürfnis mehr nach Kontakt zu anderen haben werden. Eventuelle Spätfolgen des derzeitigen Vorgehens für Kinder und Jugendliche sind daher zwingend in die Debatte um die COVID-19 Auflagen mit aufzunehmen. Mögliche kurz-, mittel- und langfristige Effekte der verschiedenen Maßnahmen werden in den nachfolgenden Abschnitten entsprechend aufgezeigt.

Isolation

Wie bereits weiter oben beschrieben beinhalten verschiedene durch die Regierung erlassene Dekrete zum Schutz vor COVID-19 Aspekte der Isolation. Die Verordnungen umfassen Elemente der sozialen Distanzierung, eingeschränkte Kontakte zu Angehörigen und Freunden, Schließung der Kindergärten, Schulen, Sportvereine und Jugendtreffs sowie anderer öffentlicher und privater Freizeiteinrichtungen. Darüber hinaus werden Begrenzungen der Reisefreiheit, Ausgangssperren und Quarantäne verordnet. Welche Auswirkungen haben solche Mittel der Isolation insbesondere auf Kinder und Jugendliche? Jeder Elternratgeber weist darauf hin, wie wichtig der direkte Kontakt zu Gleichaltrigen bereits ab dem frühen Kindesalter ist, so zum Beispiel das *„Online-Familienhandbuch"* des Staatsinstituts für Frühpädagogik in München (148). Pädagogen und Entwicklungspsychologen wissen spätestens seit Jean Piaget (1896-1980), wie wichtig bestimmte Erfahrungen und die Auseinandersetzung mit dem eigenen Umfeld, aber auch mit Gleichaltrigen, für die Entwicklung von Kindern sind. Dies betrifft nicht nur soziale Kontakte im Kleinkindalter, sondern auch im Lauf der gesamten Kindheit und Jugend. Es ist psychologisch erwiesen, dass sozialer Kontakt zu Freunden und die Unterstützung von Gleichaltrigen sich positiv auf die mentale Gesundheit von Kindern und Jugendlichen auswirkt. Eine Studie aus dem Jahr 2012 zeigt, dass soziale Unterstützung von Freunden und das Verbringen von Zeit mit ihnen die größten Schutzfaktoren vor psychischen Erkrankungen bei Jugendlichen im Alter von 13-19 Jahren sind (149). Neben den positiven Effekten auf die psychische Gesundheit spielt der direkte Kontakt zu Gleichaltrigen auch eine wichtige Rolle für die Entwicklung von prosozialem Verhalten (150). Kinder und Jugendliche unterstützen sich gegenseitig, lernen voneinander und der Kontakt untereinander hat positive Effekte auf ihre eigene Entwicklung. Umgekehrt lässt sich also vermuten, dass eine Unterbindung dieses Kontakts durch die oben beschriebenen Maßnahmen der Isolation entsprechend negative Folgen hat. Dies zeigt sich unter anderem in der bereits an früherer Stelle zitierten Studie des Universitätsklinikums Hamburg-Eppendorf (UKE) zu den negativen Auswirkungen der Lockdown-Bestimmungen auf die psychische Gesundheit und das psychosomatische Wohlbefinden von Jugendlichen (81). Solche ersten kurzfristigen Effekte sind alarmierend und müssen als Anlass dazu dienen, diese restriktiven Mittel der

Isolation zu überdenken. Über mögliche langfristige Konsequenzen des Lockdowns und der Isolation für Kinder und Jugendliche gibt es bis dato keine Erkenntnisse. Es ist jedoch mit hoher Wahrscheinlichkeit davon auszugehen, dass die bereits kurzfristig aufgetretenen Effekte sich weiter verstärken und die psychische und auch körperliche Gesundheit von Kindern und Jugendlichen nachhaltig negativ beeinflussen.

Homeschooling

Im Zuge des ersten Lockdowns im Frühjahr 2020 und auch des zweiten Lockdowns im Herbst und Winter 2020/2021 werden unter anderem großflächig die Grund- und weiterführenden Schulen geschlossen und Eltern aufgefordert, ihre Kinder im Homeschooling (Heimunterricht) selbst zu unterrichten. Hierzu existiert bis dato kein einheitliches bundes- oder länderweites Konzept, sondern es bleibt den jeweiligen Schulen innerhalb gewisser Rahmenbedingungen selbst überlassen, wie sie die Unterrichtsinhalte an die Eltern weitergibt, das Homeschooling begleitet und den Wissensstand der Kinder überprüft. Grundsätzlich ist bis Anfang 2020 in Deutschland seitens der Regierung eine große Skepsis bezüglich Homeschooling zu verzeichnen. Der Deutsche Bundestag kommt 2009 in einer Ausarbeitung zum *„Homeschooling in westlichen Industrienationen"* zu folgendem Fazit: *„Von wissenschaftlicher, behördlicher und juristischer Seite werden die Bedenken gegenüber einer grundsätzlichen*

Freigabe des Homeschoolings in Deutschland fast durchweg als außerordentlich berechtigt angesehen" (151). Weiterhin heißt es in dieser Ausarbeitung: „... *auch die BRD sah und sieht die häusliche Beschulung nicht als Alternative zur institutionalisierten vor"*. Dieses Papier des Bundestages bezeichnet Eltern, die ihre Kinder dennoch von zu Hause aus unterrichten, als sogenannte „Schulboykotteure". Umso erstaunlicher, dass unter COVID-19 hier ein vollständiger Sinneswandel vonstatten geht. Schlagartig werden alle Eltern zum Homeschooling gezwungen – vollkommen unabhängig davon, ob sie hierzu willens oder in der Lage sind. Die jahrzehntelang vorherrschenden Bedenken seitens der Politik scheinen keine Rolle mehr zu spielen. Wobei gerade in einer Situation, in der Eltern sich nicht freiwillig und aus eigenen Motiven heraus für das Homeschooling entscheiden und weiterhin anderen familiären und beruflichen Verpflichtungen nachgehen müssen, dringend zu hinterfragen ist, welche Auswirkungen diese Situation auf die Familien im Allgemeinen und die Kinder im Besonderen hat. Eine bundesweite Erhebung des Forsa-Instituts im Auftrag der Krankenkasse DAK aus dem ersten Halbjahr 2020 zeigt, dass Schulschließungen und das damit verbundene Homeschooling bei fast jedem zweiten Elternteil zu erhöhtem Stress führen (152). In jeder vierten Familie gibt es dieser Umfrage zufolge vermehrt Streit und vor allem jüngere Kinder leiden unter dem ausschließlichen Lernen zu Hause. Neben diesen kurzfristigen negativen Konsequenzen des Homeschoolings bleibt die Frage, was dies mittel- und langfristig für das Bildungsniveau der Kinder und auch für ihre Chancengleichheit bedeutet. Auch dies scheint aktuell wenig Eingang in die Debatte um die COVID-19 Verordnungen zu finden.

Maskentragen

Eine der durch die Regierung angeordneten Maßnahmen in Bezug auf COVID-19 ist das Tragen von Mund-Nase-Bedeckungen im öffentlichen Raum. Auf mögliche negative medizinische Folgen hiervon wurde bereits im ersten Buchteil eingegangen. Darüber hinaus stellt sich aus psychologischer Sicht die Frage, welchen Effekt das Tragen von Masken auf das Erleben und die Entwicklung von Kindern haben kann. Es ist bekannt, dass Spiegelneurone im Gehirn eine wichtige Rolle in der sozialen Interaktion zwischen Menschen spielen. Sie sind gleichermaßen aktiv, wenn jemand eine Handlung selbst durchführt oder wenn er nur beobachtet, wie ein anderer diese Handlung ausführt (153). Spiegelneurone sind nach heutigem Kenntnisstand der Forschung wichtig auch für die Fähigkeit, eigene Emotionen zu deuten und die Gefühle anderer wahrzunehmen sowie Empathie zu empfinden (154). Ihre neuronale Aktivität und Vernetzung müssen erst im Laufe der Zeit ausgebildet werden. Am wichtigsten hierfür scheinen die ersten ein bis drei Lebensjahre zu sein. Bereits kurz nach der Geburt beginnen Säuglinge, die Mimik ihrer Bezugspersonen

zu imitieren. Als Grundlage hierfür dienen Spiegelneurone, und dieses neuronale System scheint Kindern dabei zu helfen, die Handlungen anderer zu
verstehen und ihre Absichten zu interpretieren
(153). Welche Auswirkungen hat das Verdecken
von Gesichtern über Masken auf die Entwicklung
der Spiegelneurone und die damit verbundene Fähigkeit, Emotionen zu deuten und Empathie zu
empfinden? Bis dato gibt es hierzu keine wissenschaftlichen Erkenntnisse – doch auch diese Frage
sollte im Zusammenhang mit COVID-19 kritisch
betrachtet werden.

Des Weiteren erschweren Masken die Gesichtserkennung und führen damit verbunden zu
einer verminderten Wiedererkennung von Freunden oder Bekannten (155). Es ist zu vermuten, dass
auch die Interpretation von Emotionen wie Freude,
Wut oder Trauer durch die verminderte Identifikation von Gesichtsausdrücken negativ beeinträchtigt
wird. Neben den hier geschilderten kurzfristigen
Effekten des Tragens von Mund-Nase-Bedeckungen existiert bis dato wiederum keine Evidenz, wie
sich dies mittel- und langfristig auf Kinder und Jugendliche auswirkt. Aus neuro- und auch sozialpsychologischer Perspektive ist dies jedoch ebenfalls kritisch zu hinterfragen und sollte daher zwingend Berücksichtigung in der Abwägung der CO-
VID-19 Maßnahmen finden.

Gefühl der Ohnmacht und des Ausgeliefertseins
Wie bereits an vorangegangenen Stellen dieses Buches beschrieben kann die aktuelle Situation hinsichtlich COVID-19 zu einem Gefühl der Ohnmacht führen. Kinder und Jugendliche sind den Anordnungen der Regierung hilflos ausgeliefert und haben keine eigene Entscheidungsbefugnis dahingehend, ob sie zur Schule gehen, wen sie treffen oder wie sie ihre Freizeit gestalten. Neben der eigenen Handlungsunfähigkeit erleben sie, dass auch ihre Eltern und andere Erwachsene keine Möglichkeit haben, selbst wichtige Entschlüsse zu treffen und ihr Leben wie bisher frei zu gestalten. Sie sehen, dass der Staat rigoros in ihr Familienleben eingreift und private Belange steuert und kontrolliert. Einige Kinder müssen erleben, wie Geburtstagsfeiern durch Ordnungskräfte aufgelöst werden (156) oder wie sie beim Rodeln von Staatsdienern gestoppt und nach Hause beordert werden (157). Über solche Mittel werden alle Menschen, insbesondere jedoch Kinder und Jugendliche, zu einem blinden Gehorsam erzogen, der dem Grundgedanken einer Demokratie widerspricht. Wie wirkt sich dies auf Dauer auf das Zusammenleben in einer Gesellschaft aus? Und welchen Einfluss hat es akut und auch perspektivisch auf die Selbstwirksamkeit, also auf die subjektive Gewissheit, Anforderungen selbst bewältigen und über essenzielle Dinge im Leben entscheiden zu können? Wichtig für die Entwicklung einer hohen Selbstwirksamkeit bei Kin-

dern ist zum einen die Möglichkeit, selbst Entschlüsse in einem bestimmten Rahmen treffen zu können (158). Darüber hinaus ist es erforderlich, dass Kinder Erwachsene dabei beobachten können, wie sie Entscheidungen fällen. Zurzeit erleben Kinder und Jugendliche sich selbst und auch die Erwachsenen, die sie umgeben, eher als hilflos der Situation ausgeliefert beziehungsweise sich der Obrigkeit fügend. Es ist davon auszugehen, dass dies mit einer Abnahme des mentalen Wohlbefindens bis hin zu depressiver Symptomatik einher gehen kann. Und mittel- bis langfristig lässt sich vermuten, dass dies dauerhaft zu verminderter Selbstwirksamkeit bis hin zu erlernter Hilflosigkeit nach Martin Seligman (1967) führen kann. Das heißt, die Kinder und Jugendlichen sind nicht mehr in der Lage, eigene Entscheidungen zu treffen – selbst, wenn sie zu einem späteren Zeitpunkt wieder den entsprechenden Freiraum hätten. Dies ist ein weiterer Aspekt, der aus entwicklungspsychologischer Sicht dringend in die Debatte um Maßnahmen bezüglich COVID-19 einfließen muss und Zweifel am aktuell einseitigen Vorgehen der Regierung aufwirft. In Anlehnung an Erich Fromm wäre gar die Frage zulässig, ob die Wissenschaft heute die Kirche von damals ersetzt als Möglichkeit, Eingriff in die Familien zu nehmen und den Willen der Kinder bereits früh zu brechen?

Angst vor Ansteckung und Krankheit

An verschiedenen Stellen des vorliegenden Buches wurde bereits beschrieben, dass der derzeitige Umgang mit COVID-19 dazu geeignet ist, Angst in der Bevölkerung auszulösen. Dies scheint auch in der Absicht der Regierenden zu liegen, wie man dem Strategiepapier des Bundesinnenministeriums von April 2020 entnehmen kann, das bereits an früherer Stelle zitiert wurde. Hier ist unter anderem davon die Rede, dass Kinder sich nach dem Spielen die Hände nicht waschen, daraufhin ihre Eltern anstecken und infolgedessen beobachten müssen, wie diese qualvoll sterben. Entsprechend direktiv wird auch die Kommunikation gegenüber Kindern und Jugendlichen in Einrichtungen wie Kindertagesstätten und Schulen umgesetzt. Die Lehrmaterialien für die erste Klasse enthalten beispielsweise an verschiedenen Schulen Arbeitsblätter, nach denen die Kinder nicht flüstern oder singen dürfen. Auf einigen Plakaten wirkt es so, als ob Kinder auch nicht gemeinsam lachen dürften (159). An anderen Stellen wird immer wieder darauf hingewiesen, dass Kinder ihre Großeltern nicht mehr besuchen sollen (160). Die Bundeszentrale für gesundheitliche Aufklärung empfiehlt Eltern außerdem auf ihrer Homepage kindergesundheit-info.de, mit Kindern offen über die Situation zu sprechen: *„Achten Sie auf eine kindgerechte Wortwahl: Begriffe wie tödliches Virus, Infizierte, Panik, Todesfälle oder Pandemie können erst ältere Kinder verstehen und verarbeiten"*. Ab welchem Alter solch bedrohliche Begriffe verwendet werden können oder sollen, bleibt unklar. Wenn Kinder im Kindergarten- oder Grundschulalter zu COVID-19 befragt werden, geben sie unter anderem an, dass der Erreger sehr gefährlich sei und dass Menschen daran sterben (161), (162). Analog hierzu wird seitens Regierenden und den Medien immer wieder postuliert, dass auch von Kindern und Jugendlichen ohne symptomatische Infektion eine Ansteckungsgefahr für andere ausginge. Eine Studie aus dem dritten Quartal 2020 an deutschen Kinderkliniken mit 110.000 jungen Patienten kommt jedoch zu dem Schluss, dass nur 0,5 Prozent der symptomfreien Kinder mit SARS-CoV-2 infiziert sind (163). Auch weitere Studien zeigen, dass Kinder zumindest bis zum Jugendalter wenig ansteckend sind (164). Dennoch scheint hier in der Politik und breiten Medienlandschaft eher ein beängstigendes „worst case Szenario" erwünscht zu sein als eine breite Kommunikation solch relativierender Forschungsergebnisse.

Was macht die potenzielle Sorge davor, sich selbst oder andere mit einem als tödlich bezeichneten Virus anzustecken, dauerhaft mit der Psyche von Kindern und Jugendlichen? Sie wachsen augenscheinlich in einer bedrohlichen Welt auf und bekommen Angst vermittelt vor einem unsichtbaren, aber sehr gefährlichen Feind. Es ist davon auszugehen, dass viele Kinder sich heutzutage Sorgen machen nicht nur um die eigene Gesundheit, sondern auch um die ihrer Eltern und Großeltern – bis hin zu der Angst, dass diese oder sie selbst sterben könnten an COVID-19. Dies hat mit hoher Wahrscheinlichkeit ebenfalls negative Effekte auf das psychische Wohlbefinden bis hin zur Möglichkeit der Entwicklung psychischer Erkrankungen wie einer generalisierten Angststörung. Aus Sicht der Klinischen Psychologie ist daher dieses Vorgehen kritisch zu hinterfragen und dringend erforderlich, dass Kindern Sicherheit gegeben sowie ein realistisches Bild von der aktuellen Situation vermittelt wird.

Streit und häusliche Gewalt
Über die mentale und emotionale Belastung von Kindern und Jugendlichen im Zuge von Lockdowns wurde bereits an früherer Stelle dieses Buches berichtet. Hier wurde auch beschrieben, dass es in etwa einem Viertel der Familien während der Lockdown-Phasen zu vermehrtem Streit kommt. Dem Weißen Ring zufolge scheint darüber hinaus die häusliche Gewalt unter COVID-19 um zehn Prozent zugenommen zu haben (165). Unter Streit und häuslicher Gewalt leiden Kinder und Jugendliche in besonderem Maße, da sie diesem Geschehen hilflos ausgeliefert sind und entweder die Gewalt gegen eines der Elternteile oder andere Familienmitglieder beobachten müssen oder selbst Opfer davon sind. Außerdem haben sie während eines Lockdowns kaum die Möglichkeit, sich Hilfe bei Dritten zu suchen, wie beispielsweise im Freundeskreis, bei Lehrern oder anderen Erwachsenen außerhalb ihrer Familie. Die Dunkelziffer von häuslicher Gewalt

unter COVID-19 dürfte daher vermutlich höher liegen als durch den Weißen Ring angegeben.

Dass dies aus Sicht jedes einzelnen Opfers ein
unhaltbarer Zustand ist mit teils sehr dramatischen
kurz- und langfristigen Auswirkungen auf die körperliche Unversehrtheit und auch auf die Psyche,
muss nicht eigens erwähnt werden. Umso wichtiger, dass auch diese Kehrseite der restriktiven CO-
VID-19 Maßnahmen endlich Eingang findet in die
politische Debatte und Beschlussfassung.

Kapitel 2 – Mögliche Auswirkungen auf Erwachsene

Nicht nur für Kinder und Jugendliche, sondern auch für Erwachsene stellen die im Kontext von COVID-19 erlassenen Einschränkungen eine gravierende Belastung dar. Diese kann sich auf Erwachsene in ähnlicher, teils jedoch auch in unterschiedlicher Weise auswirken wie auf Kinder oder Jugendliche. Aus diesem Grund werden im vorliegenden Kapitel die möglichen Konsequenzen des Umgangs mit COVID-19 speziell für Erwachsene thematisiert. In den folgenden Abschnitten wird ersichtlich, dass auch bei Erwachsenen erhebliche negative Auswirkungen der COVID-19 Auflagen zu verzeichnen sind.

Ein Aspekt, der diesbezüglich an dieser Stelle noch nicht beleuchtet werden kann, ist der Zusammenhang der mit COVID-19 einhergehenden Restriktionen zu Suiziden in Deutschland. Bis zur Fertigstellung dieses Buches Anfang Juni 2021 gibt es keine offiziellen bundesweiten Statistiken zur Anzahl der Suizide im Jahr 2020. Psychiater und Psychologen sind jedoch besorgt, dass bezüglich COVID-19 und den in diesem Rahmen verabschiedeten Verordnungen nicht nur der Anteil derjenigen steigt, die unter einer Beeinträchtigung ihres mentalen Wohlbefindens und ihrer psychischen Gesundheit leiden, sondern auch mehr Menschen Suizid begehen könnten. Einige Bundesländer verzeichnen eigenen Angaben zufolge keinen Anstieg der Suizidfälle. In der Stadt Bremen stieg jedoch die Anzahl der Selbsttötungen im Jahr 2020 um 45 Prozent verglichen mit dem Vorjahr (166). Der Bremer Psychotherapeutenkammer zufolge kann dies mit Vereinsamung durch Isolation oder Mehrbelastungen aufgrund von COVID-19 zusammenhängen.

Auf weitere mögliche Effekte der verschiedenen Maßnahmen wird in den nachfolgenden Abschnitten im Detail eingegangen.

Isolation

Die bereits im ersten Kapitel dieses Buchteils beschrieben Elemente der Isolation aufgrund der durch die Regierung erlassenen Dekrete bezüglich COVID-19 treffen selbstverständlich auch auf Erwachsene zu. Sie sehen sich ebenfalls konfrontiert mit sozialer Distanzierung, eingeschränkten Kontakten zu Angehörigen und Freunden, Schließung von Sportstätten oder Freizeiteinrichtungen, Begrenzung der Reisefreiheit, Ausgangssperren und Quarantäne. Auch wenn Erwachsene aus entwicklungspsychologischer Sicht bereits einen höheren Reifegrad als Kinder und Jugendliche besitzen, so sind auch sie negativen Effekten dieser Isolation ausgesetzt. So zeigt eine systematische Literaturrecherche des „Kompetenznetz Public Health COVID-19", dass Isolations- und Quarantanemaßnahmen belegbare negative Folgen nicht nur bei Kindern und Jugendlichen, sondern auch bei Erwachsenen haben. Sie resultieren in verstärkter psychosozialer Beeinträchtigung, die sich unter anderem in erhöhter Depressivität, Ängstlichkeit, posttraumatischer Belastung, Wut, Stresserleben und Einsamkeit ausdrückt (167). Den durch das Kompetenznetz zitieren Studien zufolge traten die konsistent negativen psychosozialen Auswirkungen von Isolation und Quarantäne bei der früheren SARS-Pandemie und lokalen MERS-CoV-Ausbrüchen bereits während dieser Maßnahmen auf, ließen sich jedoch auch längerfristig, das heißt noch Monate und Jahre danach nachweisen. Umso unverständlicher, dass auch diese Folgen keine sichtbare Beachtung zu finden scheinen bei der Festlegung der Auflagen hinsichtlich COVID-19.

Weiterhin findet auch keine spezielle Berücksichtigung, welche Bedeutung diese Isolation für alleinlebende Menschen hat. Laut Statistischem Bundesamt gibt es im Jahr 2019 etwas mehr als 17 Millionen Alleinlebende in Deutschland (168). Das sind mehr als 40 Prozent aller Privathaushalte (169). Es liegt nahe, dass diese Menschen überproportional stark von den negativen Effekten der Isolation wie sozialer Distanzierung, Ausgangssperre oder Quarantäne betroffen sein dürften. Umso mehr, wenn sie gegebenenfalls keine Angehörigen in ihrer Nähe haben oder ihrem Beruf nicht nachgehen können. Auch unter diesem Aspekt ist das Verbot von Freizeitaktivitäten wie Sport, kulturellen Veranstaltungen, Vereins- und Familientreffen oder Reisen sehr kritisch zu betrachten. Diese Aktivitäten sowie soziale Kontakte im Allgemeinen wirken sich positiv auf das mentale Wohlbefinden und die psychische Gesundheit aus (170).

Was ist der Grund dafür, dass dies ebenfalls keine Rolle zu spielen scheint in der Abwägung des Vorgehens zu COVID-19? Auch hier gilt es aus Sicht der Klinischen Psychologie dringend, die möglichen negativen Konsequenzen der Isolation stärker in die Debatte rund um Verordnungen und Auflagen zu COVID-19 einfließen zu lassen.

Überforderung

Die aktuelle Situation um COVID-19 stellt insbesondere hinsichtlich der durch die Regierung erlassenen Dekrete eine hohe Überforderung für viele Erwachsene dar. Eltern sehen sich mit der Notwendigkeit konfrontiert, dass sie ihre Kinder von einem Tag auf den anderen zu Hause betreuen und gegebenenfalls auch unterrichten sollen. Gleichzeitig müssen sie meist weiterhin ihrem Beruf und allen anderen familiären und alltäglichen Verpflichtungen nachkommen. Eine Untersuchung des Bundesinstituts für Bevölkerungsforschung (BiB) kommt zu dem Ergebnis, dass fast die Hälfte der befragten Eltern die Lockdown-Phase im Frühjahr 2020 als sehr belastend empfindet, wobei Frauen häufiger als Männer eine hohe Belastung berichten (171). Bei einem kleineren Anteil der Eltern lassen die Analysen des BiB eine Beeinträchtigung der psychischen Gesundheit erkennen. Über diese familiären Herausforderungen hinaus geraten viele Erwachsene aufgrund der COVID-19 Bestimmungen in finanzielle Nöte bedingt durch Kurzarbeit oder Berufsverbote, bis hin zur Bedrohung der eigenen Existenz. Insgesamt ist unklar, wie lange diese Situation anhält, was den dadurch verursachten Stress noch erhöht. Achim Peters und Kollegen stellen in einem 2017 veröffentlichten Artikel ein Modell vor, nach dem Stress vor allem durch Unsicherheit verursacht wird (172). Sofern diese Unsicherheit und der damit verbundene Stress nicht von außen oder durch das betroffene Individuum selbst aufgelöst wird, können nicht nur psychische, sondern auch körperliche Beeinträchtigungen wie Diabetes oder kardiovaskuläre Erkrankungen resultieren. Auch aus diesen Gründen sind die Maßnahmen bezüglich COVID-19 sorgfältig abzuwägen und eine dadurch ausgelöste Überforderung dringend zu vermeiden.

Maskentragen
Nicht nur für Kinder und Jugendliche, sondern auch für Erwachsene ist es wichtig, die Gesichter anderer zu erkennen und ihre Emotionen und Absichten deuten zu können. Forscher der Universität Gießen beschreiben dies wie folgt: *„Der Mensch ist angewiesen auf das Erkennen anderer Menschen, von Gesichtern bekannter und unbekannter Personen in allen Lebenslagen und zu jeder Zeit. Kann er es nicht, fehlt eine wesentliche Orientierung im Alltagsleben"* (79). Dem *„Online Lexikon für Psychologie und Pädagogik"* zufolge stellt die Gesichtserkennung eine wichtige Stütze des sozialen Zusammenlebens dar (173). Wie

bereits im ersten Kapitel dieses Buchteils erläutert beeinträchtigt das Tragen von Mund-Nase-Bedeckungen bei Erwachsenen die Fähigkeit zur Gesichtserkennung signifikant (155). Welche Auswirkungen hat dies kurz-, mittel- und langfristig auf die sozialen Interaktionen einzelner Individuen, aber auch der gesamten Gesellschaft? In Bezug auf die Digitalisierung werden eingeschränkte soziale Kontakte durchaus kritisch bewertet. So greift beispielsweise der Tagesspiegel im Mai 2019 dieses Thema auf und kommt zu dem Schluss, dass verminderter „echter" Kontakt zu anderen sich nachteilig auf Menschen auswirken kann (174). Die möglichen negativen Effekte von Isolation wurden aus sozialpsychologischer Perspektive bereits weiter oben beschrieben. Es ist zu vermuten, dass auch das Tragen von Masken in der Öffentlichkeit vergleichbare negative Konsequenzen haben kann für die soziale Interaktion und das Wohlbefinden von Menschen. Darüber hinaus sind auch mögliche gesundheitliche Folgen des Tragens von Mund-Nase-Bedeckungen bereits im ersten Teil dieses Buches beschrieben worden. Daher müssen auch diese Effekte dringend Eingang finden in die Erwägung der COVID-19 Maßnahmen.

Gefühl der Ohnmacht und des Ausgeliefertseins
Das bereits an früheren Stellen dieses Buches geschilderte Ausgeliefertsein in Bezug auf die durch die Regierung verordneten COVID-19 Auflagen kann auch bei Erwachsenen zu einem Gefühl der

Ohnmacht und der Hilflosigkeit führen. Sie haben keine eigene Entscheidungsbefugnis dahingehend, ihren Beruf auszuüben, ihre Kinder zur Schule zu schicken, sich mit anderen zu treffen oder sich frei zu bewegen. Viele sehen sich mit starken finanziellen Einbußen konfrontiert und damit in einen Zustand der Perspektivlosigkeit getrieben. Eine solch drastische Einschränkung vieler Grundrechte kommt nahezu einer Entmündigung gleich. Umgekehrt werden Erwachsenen neben den beschriebenen Verboten auch zahlreiche neue Pflichten auferlegt im Zuge von COVID-19. Ihnen wird zum Beispiel vorgeschrieben, ihre Kinder zu Hause betreuen und beschulen zu müssen, ihre gegebenenfalls pflegebedürftigen Eltern nicht mehr sehen zu können und weder für sich selbst noch für ihre Familie relevante Entschlüsse eigenständig treffen zu dürfen. Viele Erwachsene erleben einen hohen Druck der Verantwortung für sich selbst und ihre Familie gleichzeitig gepaart mit stark beschränkten Entscheidungsspielräumen. Dies kann kurzfristig, aber auch dauerhaft, einhergehen mit vermindertem mentalem Wohlbefinden bis hin zu psychischen Erkrankungen wie einer Depression. Bereits 1990 beschreiben Karasek und Theorell in ihrem „Anforderungs-Kontroll-Modell", dass in Bezug auf die Arbeitswelt steigende Arbeitsanforderungen bei abnehmendem Tätigkeitsspielraum Beeinträchtigungen des Wohlbefindens zur Folge haben (175). Umgekehrt wirkt sich ein erweiterter Entscheidungsspielraum positiv auf die psychische Gesundheit aus (176). Neben der zu erwartenden Beeinträchtigung der mentalen Gesundheit kann auch bei Erwachsenen eine verminderte Selbstwirksamkeit zu einem dauerhaften Phänomen der erlernten Hilflosigkeit nach Seligman (1967) führen. Das bedeutet, dass sie sich an den stark begrenzten Handlungsspielraum gewöhnen und später nicht mehr in der Lage sind, gewisse Entscheidungen zu treffen – auch wenn dies dann wieder möglich ist. Aus diesen Gründen sollte der Aspekt der verminderten Entscheidungsbefugnis ebenfalls dringend in die Auseinandersetzung mit den Maßnahmen bezüglich COVID-19 einfließen und mit entsprechender Sorgfalt abgewogen werden. Es ist sehr kritisch zu betrachten, dass der Staat auf solch umfassende Weise in die Familien und das Privatleben der Bürger hineinregiert und hierbei fast ausschließlich die Dimension der vorgeblichen Fürsorge über die der Freiheit stellt.

Angst vor Ansteckung und Krankheit, Sorge um die Zukunft
Bei vielen Menschen herrscht aktuell eine gewisse Angst vor Ansteckung mit SARS-CoV-2 und Erkrankung an COVID-19. Hinzu kommt die Sorge, dass Angehörige sich mit dem Virus infizieren könnten oder dass man selbst unbeabsichtigt andere anstecken könnte. Diese Angst wird durch die vorherrschende allgemeine Debatte und breite Be-

richterstattung weiter verstärkt. Es wird vergleichsweise immer wieder diskutiert, dass auch von Personen ohne Krankheitssymptome eine Ansteckungsgefahr für andere ausginge. Eine im November
2020 in der Fachzeitschrift Nature Communications
publizierte Studie unterstützt diese Annahme jedoch nicht. In ihrem Rahmen werden in der zweiten
Maihälfte 2020 insgesamt 92,9 Prozent der Einwoh-
ner der chinesischen Stadt Wuhan im Alter von
sechs Jahren oder älter untersucht. Dies entspricht
knapp zehn Millionen Studienteilnehmern, welche
sich einem SARS-CoV-2-Nukleinsäure-Screening-
Programm unterziehen. Insgesamt werden hierbei
300 asymptomatische Fälle identifiziert. Bei den
1.174 engen Kontakten von diesen Menschen ohne
Erkrankungssymptome gibt es jedoch keine positiven Tests (177). Auch diese Studie findet scheinbar
keine Berücksichtigung in der politischen Entscheidungsfindung bezüglich der COVID-19 Maßnahmen. Stattdessen wird die Annahme der Ansteckungsgefahr durch asymptomatisch Infizierte weiterverbreitet.

An früherer Stelle dieses Buches wurde bereits
erwähnt, dass ein solches Vorgehen dem Strategiepapier des Bundesinnenministeriums von April
2020 zufolge durchaus beabsichtigt scheint. Der
deutsche COVID-19-Tracker der Analysegruppe
„YouGov" zeigt, dass Anfang Oktober 2020 insgesamt 43 Prozent der Befragten angeben, sehr große
beziehungsweise eher große Angst vor einer Ansteckung mit SARS-CoV-2 zu haben (178). Noch im

Juli 2020 sind dies 40 Prozent, das heißt, es ist eine Zunahme der Angst zu verzeichnen, obwohl im gleichen Zeitraum nur ein geringer Anstieg der Infektionszahlen gemeldet wird. Die erhöhte Angst lässt sich also weniger mit dem als solches bezeichneten Infektionsgeschehen als vermutlich vielmehr mit der generellen Kommunikation zu COVID-19 erklären. Auch in den USA berichten mehr als 40 Prozent der Erwachsenen von Angstsymptomen oder Depression in Bezug auf COVID-19 (179). In einem Vergleichszeitraum aus 2019 sind dies nur 11 Prozent der Befragten. Dieser Studie zufolge geht die erhöhte Angst oder Depression mit einem vermehrten Alkoholkonsum oder Gebrauch anderer Substanzen einher. Auch die deutsche Bundespsychotherapeutenkammer (BPtK) greift im Zusammenhang mit COVID-19 Erkenntnisse aus der Psychotherapieforschung auf (180). Nach denen beeinflusst die Dauer von Krisen, Konflikten und lebensgefährdenden Ereignissen die psychischen Widerstands- und Regenerationskräfte negativ. Infolgedessen kann es zu psychischen Erkrankungen kommen. Die BPtK fordert ebenfalls, bei der Festlegung der COVID-19 Maßnahmen die psychischen und sozialen Konsequenzen mehr in den Mittelpunkt der Überlegungen zu rücken.

Zu der Angst vor Ansteckung oder Krankheit kommen bei vielen Menschen noch weitere Sorgen im Kontext von COVID-19 hinzu. Viele sehen sich angesichts von Kurzarbeit oder Berufsverbot finanziellen Nöten ausgesetzt. Einige machen sich Gedanken um Angehörige, die gegebenenfalls zu einer Risikogruppe gehören oder nicht besucht werden dürfen und vereinsamen. Hinzu kommt bei vielen Eltern die Sorge um die eigenen Kinder, denen es vielleicht psychisch in der Isolation nicht gut geht oder bei denen sie aufgrund des Homeschoolings Schulschwierigkeiten bemerken. All diese Sorgen und das damit verbundene Unvermögen, die Situation positiv zu beeinflussen, haben den gleichen negativen Effekt auf die psychische Gesundheit wie die Angst vor dem Virus selbst oder die weiter oben beschriebene Ohnmacht und Hilflosigkeit. Es ist also zwingend erforderlich, eine ausgewogene öffentliche Kommunikation anzustreben und von einseitiger Berichterstattung und propagandaartigen Methoden im Zusammenhang mit COVID-19 Abstand zu nehmen.

Streit und häusliche Gewalt
Die Landeszentrale für politische Bildung in Baden-Württemberg hat sich mit der Frage befasst, wie COVID-19 unsere Gesellschaft verändert (181). Sie kommt dabei zu folgendem Fazit in Bezug auf Streit und häusliche Gewalt: *„Die Corona-Pandemie wirkt sich auf die Sicherheit von Frauen und Kindern aus. Laut Berichten von Frauenhäusern, Beratungsstellen und Hilfetelefonen nimmt häusliche Gewalt seit der ersten Phase der coronabedingten Einschränkungen des öffentlichen Lebens zu. Vermutlich liegt die Dunkelziffer deutlich höher als die Zahl der polizeibekannten Fälle. So*

muss man davon ausgehen, dass durch die Corona-Krise Ungerechtigkeiten verstärkt und bereits vorhandene Missstände schlimmer werden." Auch eine Umfrage der Deutschen Presse-Agentur (dpa) aus Mitte 2020 bei den zuständigen Ministerien und Behörden der Länder hat ergeben, dass unter COVID-19 in einigen Bundesländern mehr Fälle von häuslicher Gewalt gemeldet werden (182). Dieser häuslichen Gewalt sind zumeist Frauen oder Kinder ausgesetzt und selbige können sich gerade in Zeiten des Lockdowns weniger an Freunde oder Angehörige wenden oder die öffentlichen Hilfsangebote in Anspruch nehmen. Aus diesem Grund liegt auch die Dunkelziffer von häuslicher Gewalt unter COVID-19 vermutlich noch höher als in offiziellen Statistiken angegeben. An dieser Stelle ist nochmals zu unterstreichen, dass diese Situation aus Sicht jedes einzelnen Opfers ein unhaltbarer Zustand ist mit teils sehr dramatischen kurz- und langfristigen Auswirkungen auf die körperliche Unversehrtheit und auch auf die Psyche. Umso wichtiger, dass auch diese Kehrseite der restriktiven COVID-19 Verordnungen entsprechend Eingang findet in die politische Beschlussfassung hierzu.

Spaltung der Gesellschaft

Im Zuge von COVID-19 lässt sich eine gewisse Spaltung der Gesellschaft in so genannte „Maßnahmenbefürworter" und „Maßnahmengegner" beobachten. Diese Begriffe werden wiederholt in der allgemeinen Debatte beispielsweise durch politische

Amtsträger genutzt. Und sie werden zusätzlich in der breiten Medienlandschaft angewandt. Hierüber wird eine Art Keil in die Gesellschaft getrieben, die vermeintlich aus zwei unversöhnlichen Lagern besteht. Dies wird darüber hinaus noch durch die weiter oben beschriebene Induzierung von Angst und durch die Anwendung der im ersten Teil dieses Buches erläuterten Kunstgriffe nach Arthur Schopenhauer verstärkt. Welche Konsequenzen hat solch ein Vorgehen für einzelne Mitglieder unserer Gesellschaft? Es scheint, dass Freundschaften und teils auch familiäre Bande hier auf eine harte Probe gestellt werden, beziehungsweise sogar auseinandergehen (183). Die Menschen scheinen aus den im zweiten Buchteil genannten, nach Erich Fromm teils unbewussten Motiven die öffentliche Meinung zu übernehmen und diese auch privat vehement zu verteidigen – bis hin zum Kontaktabbruch mit vormals engen Freunden oder Familienmitgliedern. Ein anderes Beispiel hierfür sind Nachbarn, die andere denunzieren, wenn sie sich im privaten Raum zu Familienfeiern treffen (184). Zu diesen Phänomenen gibt es bis dato keine wissenschaftliche Untersuchung oder offizielle Statistik. Dennoch ist davon auszugehen, dass sich COVID-19 nicht nur aufgrund der Folgen der restriktiven Maßnahmen, sondern auch aufgrund der einseitigen allgemeinen Positionierung und Kommunikation nachteilig auf die sozialen Beziehungen und das mentale Wohlbefinden vieler Individuen auswirkt.

Dies ist ein Grund mehr, endlich einen breiten und differenzierten öffentlichen Diskurs zuzulassen und alle Standpunkte aktiv einzubeziehen und wertzuschätzen. Das heißt, die im Grundgesetz verankerte Vielfalt und Meinungsfreiheit muss auch im Zusammenhang mit COVID-19 von allen Stellen zwingend vorgelebt werden.

Kapitel 3 – Mögliche Auswirkungen auf bestimmte Bevölkerungsgruppen

In den beiden vorangegangenen Kapiteln dieses dritten Buchteils wurden mögliche negative Auswirkungen der COVID-19 Verordnungen auf Kinder und Jugendliche sowie auf Erwachsene im Allgemeinen geschildert. Was sind jedoch potenzielle Effekte hiervon auf spezifische Bevölkerungsgruppen, die sich aus unterschiedlichen Gründen mit Einschränkungen infolge der durch die Regierung erlassenen Auflagen konfrontiert sehen? Neben den bereits aufgezeigten Konsequenzen für die Allgemeinheit gibt es Bevölkerungsteile, die darüber hinaus überproportional stark beeinträchtigt werden durch die COVID-19 Restriktionen. Dies sind unter anderem Kinder und Jugendliche als ganze Generation, Alleinerziehende, Senioren, psychisch erkrankte und sozial benachteiligte Menschen, Geflüchtete oder bestimmte Berufsgruppen. Sie alle sehen sich durch COVID-19 Anordnungen mit bestimmten Nachteilen konfrontiert, die sie von der Allgemeinheit unterscheiden und bis dato wenig Beachtung in der Abwägung der Maßnahmen zu finden scheinen.

Kinder und Jugendliche als Generation
Das erste Kapitel dieses dritten Buchteils widmet sich bereits im Detail den potenziell negativen Effekten von COVID-19 und den damit einhergehen-

den Restriktionen auf Kinder und Jugendliche. Experten warnen wiederholt vor schwerwiegenden Folgen für Kinder, wie Depressionen oder Angstzuständen, aufgrund der COVID-19 Auflagen (185). Auch dem Kinderarzt Thomas Buck, Mitglied des Landesvorstandes der Ärztekammer Niedersachsen, zufolge leiden Kinder massiv unter den Einschränkungen bezüglich COVID-19 (186). Er befürchtet langfristige Schäden wie Sprachentwicklungsstörungen oder psychische Probleme. Im vorliegenden Abschnitt werden neben diesen Auswirkungen auf einzelne Kinder und Jugendliche außerdem mögliche nachteilige Effekte auf die gesamte Bevölkerungsgruppe der Kinder und Jugendlichen aufgezeigt. Wie wirken sich die in Kapitel 1 geschilderten Mittel der Isolation, Gefühle der Angst und der Ohnmacht, und weitere mit COVID-19 verbundene Einschränkungen auf eine ganze Generation aus? Dass solche essenziellen Eingriffe in den Lebensablauf nicht ohne Spuren bleiben, ist beispielsweise aus der Kriegsforschung bekannt. So berichten Personen, die zur Zeit des zweiten Weltkriegs aufgewachsen sind, von einem „*tiefsitzenden elementaren Gefühl der Unsicherheit, das sie über ihr ganzes Leben in sich getragen hätten*" und „*dass sie unter starken emotionalen Gefühlsschwankungen lebensbegleitend gelitten hätten*" (187). Auch die Nachkriegsgeneration leidet unter den im zweiten Weltkrieg entstandenen Traumata und ihren Folgen. Diese setzen sich in ihnen fort und erzeugen noch bei den heute Erwachsenen Ängste und Gefühle der Einsamkeit

und Entwurzelung (188). Die aktuelle Situation bezüglich COVID-19 soll an dieser Stelle nicht mit
kriegsähnlichen Zuständen gleichgesetzt werden.
Dennoch sind die weiter oben beschriebenen Gefühle der Angst und des Ausgeliefertseins sowie
auch die Unterbrechung des Präsenzunterrichts in
den Schulen dazu geeignet, bei Menschen Traumata
auszulösen und ihre Persönlichkeitsentwicklung
negativ zu beeinflussen. Insbesondere dann, wenn
diese Menschen über eine gewisse Vulnerabilität
verfügen oder sich wie Kinder und Jugendliche in
der Entwicklung befinden und ihre psychische
Reife noch nicht erreicht haben. Daher ist auch dieser mögliche Effekt auf die gesamte Generation der
heutigen Kinder und Jugendlichen kritisch zu betrachten und dringend in die Erwägung der Maßnahmen zu COVID-19 aufzunehmen.

Alleinerziehende

Über die besondere Belastung von Eltern im Hinblick auf die COVID-19 Verordnungen im Allgemeinen und die Herausforderungen bezüglich Kinderbetreuung und Homeschooling im Besonderen
wurde bereits in Kapitel 2 dieses Buchteils berichtet.
Eine Gruppe, die in diesem Zusammenhang insbesondere zu berücksichtigen ist, sind die Alleinerziehenden. Sie können sich meist nicht ohne weiteres
mit einem anderen Elternteil die aus den Auflagen
resultierende Mehrbelastung teilen. Ihnen fehlt es
darüber hinaus häufig auch stärker an mentaler

und emotionaler Unterstützung durch einen Partner. Und sie sehen sich meist noch massiver mit finanziellen Nöten konfrontiert als Elternpaare, da sie ihren Beruf zugunsten der Kinderbetreuung hintenanstellen müssen und dies nicht durch ein zweites Einkommen ausgleichen können. Die bereits weiter oben zitierte Untersuchung des Bundesinstituts für Bevölkerungsforschung (BiB) hat ergeben, dass unter alleinerziehenden Müttern rund 60 Prozent eine hohe Gesamtbelastung unter COVID-19 Bedingungen angeben (171). Es gibt in Deutschland grundsätzlich eine Vielzahl von finanziellen Unterstützungsangeboten für Eltern und auch speziell für Alleinerziehende. Diese werden im Zuge der COVID-19 Maßnahmen teils noch ausgeweitet, wie vergleichsweise das Kinderkrankengeld nach § 45 SGB V. Allerdings dauert es knapp zwei Wochen, bis der am 05. Januar 2021 gefasste Beschluss, dies gesetzlich auszuweiten, auch durch den Bundestag und schließlich den Bundesrat verabschiedet wird (189). In dieser Zeit sehen sich alle Eltern und insbesondere Alleinerziehende bereits mit der Schließung der Kindergärten und Schulen konfrontiert und müssen Möglichkeiten finden, die Betreuung ihrer Kinder alleine zu bewerkstelligen. Und selbst angesichts finanzieller Unterstützung ist die weiter oben beschriebene mit der Kinderbetreuung und dem Homeschooling verbundene Mehrbelastung speziell für Alleinerziehende nicht behoben. Daher müssen die entsprechenden COVID-19 Auflagen diesbezüglich deutlich sorgfältiger erwogen werden als bisher und in einer echten Unterstützung dieser Personengruppe münden.

Ältere Menschen

Senioren sind eine weitere Gruppe in unserer Gesellschaft, die überproportional nachteilig von den COVID-19 Restriktionen betroffen ist. Sie bilden einen hohen Prozentsatz der Alleinlebenden: dem Statistischen Bundesamt zufolge ist der größte Anteil der alleinlebenden Menschen in Deutschland 65 Jahre und älter (168). Auf die negativen Folgen der Isolation im Allgemeinen und hinsichtlich der Alleinlebenden im Besonderen wurde bereits an früherer Stelle eingegangen. Es ist zu vermuten, dass diese sich deutlich nachteiliger auf ältere Menschen auswirken, die gegebenenfalls generell weniger soziale Kontakte besitzen als jüngere und die darauf angewiesen sind, diese Kontakte persönlich wahrnehmen zu können. Gleichzeitig stellen Senioren den Statistiken zufolge die gesundheitlich am stärksten gefährdete Bevölkerungsgruppe dar und sollen sich entsprechend schützen vor einer Ansteckung mit dem SARS-CoV-2 Virus. Im Zuge einer bundesweiten Telefonumfrage unter 500 Personen im Alter von 75 Jahren und älter geben 82 Prozent der Befragten an, dass sie sich durch COVID-19 und die damit verbundenen Maßnahmen weniger stark oder gar nicht eingeschränkt fühlen (190). Gleichzeitig führt jedoch knapp ein Viertel der Umfrageteilnehmer an, dass es seit Beginn von COVID-19 häufig oder hin und wieder Momente gibt, in denen sie sich deprimierter fühlen als sonst. Darüber hinaus geben rund 55 Prozent der Befragten an, dass ihnen der Austausch und Kontakt mit anderen Menschen häufig oder hin und wieder fehlt. Die Autoren der hier zitierten Studie kommen entsprechend auch zu dem Schluss, dass „... *es Abstand zu nehmen gilt, die 75-Jährigen und Älteren als homogene Gruppe zu betrachten und sie – nicht nur in gesundheitlicher Hinsicht – als besonders vulnerable Gruppe im Rahmen der Corona-Pandemie anzusehen"*. Aus den vorgenannten Gründen sind auch in Bezug auf Senioren die COVID-19 Verordnungen kritisch abzuwägen und von einer generellen Isolation dieser dringend abzusehen. Anhand der zitierten Studie wird nochmals deutlich, dass jeder Mensch als Individuum zu betrachten ist und seine Würde sowie seine einzigartigen Bedürfnisse entsprechend zu berücksichtigen sind.

Psychisch erkrankte Menschen
Auch psychisch erkrankte Menschen sind in besonderem Maße von den nachteiligen Konsequenzen der COVID-19 Auflagen betroffen. Eine Umfrage der Betriebskrankenkasse pronova BKK aus Dezember 2020 unter 154 Psychiatern und Psychotherapeuten ergibt, dass aus Sicht von 88 Prozent der befragten Therapeuten soziale Isolation oder der eingeschränkte Kontakt zu Freunden, Kollegen und Familie eine negative Auswirkung auf die Psyche ihrer Patienten habe (191). 90 Prozent der Fachärzte

und Therapeuten gehen in dieser Befragung davon aus, dass die psychischen Beschwerden in der Bevölkerung in den folgenden Wochen bedingt durch den zweiten Lockdown noch zunehmen werden. Weiterhin kommt nach Ergebnissen dieser Umfrage hinzu, dass auch die therapeutischen Hilfsangebote nicht immer in Anspruch genommen werden. Nahezu alle befragten Therapeuten berichten von Patienten, die aus Angst vor Ansteckung mit SARS-CoV-2 seltener oder gar nicht mehr zur Behandlung gekommen sind. 72 Prozent der Psychiater und Psychotherapeuten erwarten, dass dadurch psychische Probleme zusätzlich verschleppt werden. Folglich ist auch die Bevölkerungsgruppe der psychisch erkrankten Menschen insbesondere zu berücksichtigen bei der Verordnung von Maßnahmen im Zusammenhang mit COVID-19.

Sozial benachteiligte Menschen
Der Sozialverband VdK Nordrhein-Westfalen e.V. (VdK) kommt in seiner Sozialbilanz zu der Schlussfolgerung, dass sozial benachteiligte Menschen besonders hart von COVID-19 und den damit verbundenen Anordnungen betroffen sind (192). Der Verband fordert, dass die Bewältigung von COVID-19 nicht auf Kosten armer, kranker, behinderter oder älterer Menschen gehen darf. Speziell für Wohnungslose hat sich die Situation im Zuge von COVID-19 weiter verschärft. Der Tagesspiegel berichtet von weniger Essens- und Beratungsangeboten, weniger Spenden, schlechteren Bedingungen für

Flaschensammeln und Betteln und reduziertem Bettenangebot in Notunterkünften bedingt durch die COVID-19 Auflagen (193). Der Caritas zufolge scheinen Obdachlose mit teils hohen Bußgeldern konfrontiert zu werden, wenn sie sich nicht an Verbote des Alkoholkonsums halten oder Kontakt- und Ausgangssperren missachten (194). Auch den Ruhr Nachrichten zufolge werden hohe Strafen für Obdachlose nach Verstößen gegen die COVID-19 Erlasse verhängt (195). Nach Angaben des Sozialverbands VdK sind pflegebedürftige Menschen ebenfalls eine von COVID-19 schwer betroffene Bevölkerungsgruppe. Entsprechend verlangt der Verband auch, dass politische Entscheidungsträger künftig achtsamer zwischen Maßnahmen zum Schutz der Gesundheit, der Grundrechte und zur Abmilderung der sozialen Fragen abwägen müssen. *„Hier sollten Verbände wie der VdK mit ihrem Fachwissen zwingend beteiligt werden"*, fordert der VdK-Landesvorsitzende Horst Vöge. Eine Forderung, die auch von anderen Stellen wiederholt geäußert wird, wie beispielsweise dem bereits an früherer Stelle erwähnten Zusammenschluss von Medizinern verschiedenster Disziplinen, die sich diesbezüglich in einem offenen Brief an die Bundesregierung gewandt haben (119). Aus nicht bekannten Gründen werden jedoch die unterschiedlichen Fachrichtungen nach wie vor nicht systematisch einbezogen und es erfolgt entsprechend keine ganzheitliche Auseinandersetzung und Beschlussfassung in Bezug auf COVID-19.

Geflüchtete

Auch Geflüchtete bilden eine Bevölkerungsgruppe, für die die Beeinträchtigungen durch die COVID-19 Auflagen eine besondere Rolle spielen. Zum einen sind Einschränkungen in den Asylverfahren bedingt durch COVID-19 zu verzeichnen. Entsprechend plädiert das UN-Flüchtlingshochkommissariat des UNHCR, mittelfristig wieder die Voraussetzungen für vollständige Verfahren zu schaffen, inklusive des Zugangs zur Asylverfahrensberatung (196). Zum anderen gibt die Migrationsforscherin Yuliya Kosyakova an, dass die Restriktionen im Zusammenhang mit COVID-19 die Integration von Geflüchteten erschweren (197). Gründe hierfür sind unter anderem der Ausfall von Sprachkursen oder Kinderbetreuung im Zuge der Lockdown-Phasen. Darüber hinaus sind Geflüchtete überproportional stark von den negativen Auswirkungen auf den Arbeitsmarkt betroffen (198). Dies ist dadurch erklärbar, dass sie häufig gering qualifizierten Beschäftigungen nachgehen oder in der Gastronomie oder Hotellerie tätig sind und infolgedessen durch die COVID-19 Beschränkungen arbeitslos geworden sind. Schlussendlich können durch Krisen wie die um COVID-19 ebenso traumatische Erinnerungen bei Geflüchteten geweckt werden (199). Es ist also auch für die Bevölkerungsgruppe der Geflüchteten von essenzieller Bedeutung, dass ihre Belange in der Festlegung von Maßnahmen zu COVID-19 berücksichtigt werden.

Bestimmte Berufsgruppen

Einer Analyse der Weltarbeitsagentur (ILO) zufolge sind im Jahr 2020 weltweit 8,8 Prozent aller Arbeitsstunden entfallen (200). Dies entspricht umgerechnet 225 Millionen Vollzeitstellen. Bis Juni 2021 sind weltweit Arbeitsstunden in Höhe von 100 Millionen Vollzeitstellen weggefallen. Und für das Jahr 2022 prognostiziert die ILO den Wegfall von Arbeitsstunden im Umfang von weiteren 26 Millionen Stellen. In Deutschland verlieren im Jahr 2020 mehr als eine Millionen Beschäftigte ihren Job – trotz Milliardenausgaben für Kurzarbeitergeld (201).

Einige Berufsgruppen sind dabei besonders benachteiligt aufgrund der im Kontext von COVID-19 erlassenen Einschränkungen. Hierunter fallen insbesondere die Bereiche Hotellerie, Gastronomie, Tourismus, Sport, Kunst und Kultur oder die Veranstaltungsbranche, um nur einige zu nennen. In diesen Berufsgruppen ist gemäß einer Analyse der Zeitschrift Wirtschaftsdienst unter COVID-19 ein krisenbedingter Anstieg der Arbeitslosigkeit zu verzeichnen (202). Den Autoren dieses Artikels zufolge *„… sind Berufe aus dem unteren Einkommenssegment, wie beispielsweise Berufe in der Hotellerie oder im Gastgewerbe, deutlich stärker durch den coronabedingten Arbeitsmarktschock betroffen als besser entlohnte Berufsgruppen"*. Die Ergebnisse dieser Analyse deuten weiterhin darauf hin, dass sich die soziale Ungleichheit in Deutschland durch die Arbeitsmarkteffekte aufgrund der COVID-19 Restriktionen verschärfen könnte. Zwar sichert die Bundesregierung über sogenannte „Coronahilfen" den Betroffenen finanzielle Unterstützung zu. Jedoch ist die Beantragung dieser mit hohen bürokratischen Hürden verbunden und die Auszahlung läuft nur schleppend (203).

Abgesehen von den erheblichen finanziellen Einbußen bis hin zur Arbeitslosigkeit oder Insolvenz ist auch davon auszugehen, dass solche Belastungen mit Beeinträchtigungen der mentalen Gesundheit der Betroffenen einher gehen. Für den Zusammenhang zwischen Erwerbslosigkeit und psychischen Erkrankungen wie Depression oder Angstzuständen existiert überzeugende empirische Evidenz (204).

Darüber hinaus ist zu vermuten, dass auch die Einteilung von Berufen in „systemrelevant" versus „nicht systemrelevant" bis hin zu Berufsverboten einen negativen Effekt auf das mentale Wohlbefinden derjenigen hat, die ihren Beruf als plötzlich wenig wertgeschätzt wahrnehmen. Andererseits sind viele Menschen, die in den sogenannten „systemrelevanten" Berufen wie der Pflege arbeiten, unvermittelt und dauerhaft hohen Belastungen ausgesetzt und erleben hier ebenfalls wenig Unterstützung. Auch diese Form von Dauerstress ist dazu geeignet, sich nachteilig auf das mentale Wohlbefinden und die psychische sowie physische Gesundheit auszuwirken (205). Nicht zuletzt ist es grundsätzlich absurd, Berufe in „systemrelevant" oder

„nicht systemrelevant" einzuteilen, da schließlich alle Bürger in einer Gemeinschaft leben und ihrerseits einen Beitrag zu dieser leisten – welchen Beruf sie auch immer ausüben. Und im Hinblick auf die COVID-19 Maßnahmen ist dringend die finanzielle Situation und das psychische Wohlbefinden derjenigen, die beruflich unter diesen Einschränkungen leiden, zu berücksichtigen und kritisch abzuwägen.

Kapitel 4 – Mögliche Auswirkungen auf die gesamte Gesellschaft: ein Resümee

Die Situation um COVID-19 und vor allem die daraus abgeleiteten, teils sehr restriktiven Mittel und die einseitige öffentliche Darstellung sind dazu geeignet, sich nicht nur negativ auf einzelne Menschen oder bestimmte Bevölkerungsgruppen auszuwirken, sondern auch nachteilige Effekte auf die gesamte Gesellschaft zu erzielen. So verzeichnet der sogenannte „Glücksatlas" der Deutsche Post DHL Group in 2020 einen Rückgang der Lebenszufriedenheit der Deutschen um sechs Prozent (206). Es ist davon auszugehen, dass dieser Effekt auf die Gesamtbevölkerung weiter verstärkt wird, je länger die Maßnahmen der Isolation, der Berufsverbote und der angstauslösenden Kommunikation andauern. Und auch die eingeschränkte Selbstwirksamkeit in essenziellen persönlichen Lebensentscheidungen gepaart mit einem durch Kontrollen und Strafen erzwungenen Gehorsam kann sich nachteilig auf eine gesamte Gesellschaft auswirken. Sollte doch genau das Gegenteil hiervon, nämlich der offene Dialog und differenzierte Diskurs, Basis einer jeden Demokratie sein.

Die Vereinten Nationen (United Nations, UN) kommen in einer Veröffentlichung vom 13. Mai 2020 ebenfalls zu dem Fazit, dass die mentale Gesundheit ganzer Gesellschaften durch COVID-19 und den Umgang damit stark beeinträchtigt wird

(207). Sie führen den psychischen Stress in Verbindung mit COVID-19 nicht nur auf das Virus selbst zurück, sondern auch auf Aspekte der Isolation und sozialen Distanzierung sowie finanzielle Einbußen und häufige Fehlinformationen, die zu Gerüchten führen. Die UN sieht dringenden Handlungsbedarf dahingehend, diese Situation zu verbessern, um das mentale Wohlbefinden ganzer Gesellschaften wieder herzustellen.

Über die negativen Auswirkungen auf die psychische Gesundheit hinaus bewirkt die bereits an früheren Stellen dieses Buches beschriebene eindimensionale allgemeine Darstellung und damit zusammenhängende einseitige Berichterstattung, dass ein Keil in die Gesellschaft getrieben wird. Diese Spaltung wird seitens der Machthaber weiter verstärkt durch Diffamierungen der Kritiker und Anwendung weiterer Kunstgriffe nach Arthur Schopenhauer, wie in Teil 1 dieses Buches erläutert. Andersdenkende werden folglich bewusst ausgegrenzt und unterdrückt. Es scheint, als werden im Grundgesetz verankerte Werte wie Diversität und Meinungsfreiheit leichtfertig außer Kraft gesetzt. Dies ist aus gesellschaftlicher Sicht als extrem kritisch zu bewerten und könnte Tür und Tor öffnen für die Unterdrückung von Minderheiten und anderslautenden Auffassungen.

Auch die Konsequenzen der restriktiven CO-VID-19 Erlasse für die gesamte Wirtschaft in Deutschland sind nicht außer Acht zu lassen. Das Leibniz-Institut für Wirtschaftsforschung an der

Universität München e. V. (ifo Institut) gibt für das Jahr 2020 in Deutschland einen Einbruch der Wirtschaftsleistung um insgesamt 5,1 Prozent an (208). Dies ist der stärkste Rückgang des Bruttoinlandsproduktes (BIP) seit der Finanzkrise 2008/2009. Andere Wirtschaftsinstitute gehen in ihren Prognosen nicht davon aus, dass dieser Rückgang in 2021 ausgeglichen wird. Sie prognostizieren in einem Gemeinschaftsgutachten im April 2021 für das laufende Jahr in Deutschland einen Anstieg des BIP um 4,3 Prozent im Vergleich zum Vorjahr. Die Prognose des Internationalen Währungsfonds (IWF) für Deutschland liegt deutlich konservativer bei 3,6 Prozent BIP Wachstum. Für die gesamte Euro-Zone prognostiziert das Deutsche Institut für Wirtschaftsforschung (DIW) ein BIP-Wachstum von rund 3,4 Prozent im Jahr 2021 (209).

Neben den wirtschaftlichen Beeinträchtigungen ist ein weltweiter Anstieg der Todesfälle aufgrund der COVID-19 Maßnahmen zu verzeichnen, beispielsweise in Folge von Hunger und Mangelernährung. Bereits im Mai 2020 warnt David Beasley, Leiter des Welternährungsprogramms, den UN-Sicherheitsrat vor "Hungersnöten mit biblischen Ausmaßen". Ihm zufolge sind aufgrund der COVID-19 Einschränkungen das globale Transportwesen und viele weltweite Lieferketten beinahe zum Erliegen gekommen, wichtige Bereiche des Exports und Imports von Nahrungsmitteln eingestellt und Flughäfen gesperrt. Bauern kommen während eines Lockdowns nicht mehr auf ihre Felder, Händler können ihre Produkte nicht mehr auf Märkte bringen. In der Konsequenz daraus können die Hilfsorganisationen die Betroffenen nicht mehr versorgen (210). Selbst falls hierzulande weniger Menschen aufgrund der getroffenen COVID-19 Auflagen unter den Folgen der Erkrankung leiden sollten, so ist dennoch zwingend die Auswirkung dieser Bestimmungen auf die Weltbevölkerung zu berücksichtigen. Wie passen die teils erheblich negativen Effekte des derzeitigen Vorgehens zu dem angegebenen Motiv der Fürsorge?

Und auch die Geflüchteten sind laut UNHCR nicht nur national in Deutschland sondern auch weltweit von negativen sozialen und wirtschaftlichen Folgen von COVID-19 besonders betroffen (211).

Die Debatte um COVID-19 scheint sich wie bereits eingangs dieses Buches geschildert in einem Konflikt zwischen Fürsorge versus Freiheit zuzuspitzen. Politische Amtsträger rechtfertigen die durch sie erlassenen restriktiven Maßnahmen damit, dass die Bevölkerung zu schützen sei und Gesundheit hierbei als höchstes Gut gewahrt werden müsse. Mit Hilfe dieser Argumente hinsichtlich der Fürsorge werden starke Einschränkungen der Freiheit gerechtfertigt und sollen von der breiten Masse akzeptiert werden. Diese Mittel haben jedoch selbst massive negative Folgen, welche sich nicht nur auf finanzielle und wirtschaftliche Aspekte beziehen, sondern auch auf die psychische Gesundheit einzelner Menschen und verschiedener Bevölkerungsgruppen bis hin zur gesamten Gesellschaft. Solche erheblichen nachteiligen Konsequenzen werden augenscheinlich billigend in Kauf genommen. Wie passen diese negativen Effekte der COVID-19 Verordnungen zu der Rechtfertigung der Mehrheiten aus Politik und Wissenschaft, damit alle Menschen schützen zu wollen? Die mehrfach geforderte dringend notwendige Einbeziehung weiterer Sichtweisen, Abschätzung der tatsächlichen Gefährlichkeit des Virus und damit einhergehende sorgfältige Abwägung der Verhältnismäßigkeit der Mittel findet nach wie vor nicht in ausreichendem Maße statt.

Umso kritischer sind einschränkende Auflagen unter dem Aspekt zu betrachten, dass die Entscheidungsträger, welche die COVID-19 Maßnahmen beschließen, meist selbst nicht zu denjenigen gehören, die unter den damit einhergehenden Beeinträchtigungen persönlich leiden. Sie sehen sich weder von Arbeitslosigkeit bedroht noch mit finanziellen Einbußen konfrontiert. Ebenfalls scheint ihre Reisefreiheit weniger eingeschränkt zu sein, zumindest bezüglich beruflich bedingter Reisen. Auch Herausforderungen bei der Kinderbetreuung oder dem Homeschooling betreffen sie oft nur in geringem Maße. Viele aus diesem Personenkreis haben entweder keine minderjährigen Kinder oder können die Möglichkeit in Betracht ziehen, ihre Kinder exklusiv über eine Einzelbetreuung versorgen zu lassen. Es wäre also umso wichtiger, dass die Machthaber sich nicht nur in die Lage derjenigen hineinversetzen, welche aufgrund der durch sie erlassenen massiven Restriktionen beeinträchtigt werden. Es ist darüber hinaus auch zwingend erforderlich, dass sie den aktiven Dialog mit diesen Bevölkerungsteilen, den Kritikern und den entsprechenden fachlichen Experten als deren Vertretern suchen. Selbiges findet nach wie vor nicht in hinreichendem Maße statt und es scheint auch wenig Bereitschaft zu existieren, dies zu ändern. Zumindest lässt sich in dem Vorgehen hinsichtlich des zweiten Lockdowns im Herbst und Winter 2020/2021 kein merkbarer Unterschied im Vergleich zu dem Vorgehen im Zuge des ersten Lockdowns im Frühjahr 2020 feststellen. Die Auflagen sind nahezu identisch beziehungsweise sogar verschärft. Und auch die politische Debatte und breite öffentliche Berichterstattung lässt weiterhin den dringend erforderlichen differenzierten Diskurs vermissen. Konnte man dies im Hinblick auf den ersten Lockdown noch mit der Argumentation rechtfertigen, dass die Situation schwer abschätzbar und dringende Handlung geboten sei, so sind doch im Laufe des Jahres 2020 ausreichend neue Erkenntnisse zu SARS-CoV-2 und COVID-19 sowie dem möglichen Umgang hiermit gewonnen worden. Umso schwieriger ist es nachvollziehbar, dass dies in der Erwägung der Maßnahmen wenig Beachtung zu finden scheint. Artikel 1 des Grundgesetzes besagt, dass die Würde des Menschen unantastbar ist (4). An welcher Stelle lässt sich dies in der Beschlussfassung zu COVID-19 erkennen?

Und wie ist damit umzugehen, falls seitens der Regierenden nach wie vor keine entsprechende Bereitschaft zu einer differenzierten Auseinandersetzung unter Einbeziehung aller Perspektiven zu erkennen bleibt? Auf welche Weise kann es gelingen, die Bevölkerung und als Konsequenz daraus auch den Regierungsapparat zu mehr aktiver Mitbestimmung zu bewegen? Hierzu finden sich einige mögliche Ansätze im vierten Teil dieses Buches.

TEIL 4 – Über den Umgang mit gesellschaftlichen Werten am Beispiel von COVID-19: mögliche Wege und ein Ausblick

Nehmen wir an, zwei Personen sitzen sich gegenüber und zwischen ihnen steht aufrecht ein Gemälde. Der eine sieht nur die Vorderseite mit einer wunderschön gemalten Landschaft, der andere die nur die Rückseite, also eine leere Leinwand. Beide wissen, dass sie auf den gleichen Gegenstand blicken. Sie wissen aber nicht, worum es sich handelt, also dass sie gemeinsam ein Gemälde betrachten. Dafür ist der jeweilige Ausschnitt, den sie sehen, zu klein. Der eine versucht nun, den anderen vehement davon zu überzeugen, dass es sich hier um eine wunderbare, farbenfrohe Landschaft handelt. Und der andere bleibt bei seiner festen Meinung, dass da gar nichts ist außer einer weißen, leeren Fläche. Beide fühlen sich im Recht und sind sich sicher, dass der andere im Unrecht ist. Vielleicht halten sie ihn sogar für verrückt. Solange sie jedenfalls auf ihrer Ansicht als der alleinig richtigen beharren und nicht versuchen, ihre eigene Sichtweise um die Perspektive des anderen zu bereichern, werden sie nie gemeinsam zu der höheren Erkenntnis gelangen, dass sie auf ein Gemälde schauen und nur jeder einen anderen Blick darauf hat, der weder richtig noch falsch ist – nur eben anders.

Sollte folglich eine Debatte – egal um welchen Inhalt – von einer oder beiden Parteien nur mit dem Ziel geführt werden, recht zu behalten beziehungsweise zu bekommen, so nehmen sich die Beteiligten von Beginn an die Möglichkeit, zu neuen Erkenntnissen zu gelangen – oder den Gegenstand der Diskussion auf eine höhere Ebene zu transformieren, beziehungsweise das bestmögliche Ergebnis für alle zu erzielen. Sie beharren im Gegenteil auf ihrer Position und versuchen, diese möglichst stichhaltig mit Argumenten zu untermauern und gleichzeitig die Ausführungen des Gegenübers zu entkräften. Oder sie bedienen sich der in Teil 1 dieses Buches geschilderten Kunstgriffe nach Arthur Schopenhauer, um den Gegner ins Unrecht zu setzen.

Erich Fromm zufolge haben sich in solchen Kontroversen die Disputanten im Sinne der Existenzweise des Habens mit ihrem Standpunkt identifiziert und betrachten diesen als ihren Besitz: *„Nehmen wir eine typische Unterhaltung zwischen zwei Männern, in der A die Meinung X **hat** und B die Meinung Y. Jeder kennt die Ansicht des anderen mehr oder weniger genau. Beide identifizieren sich mit ihrer Meinung. Es kommt ihnen darauf an, bessere, daß heißt treffendere Argumente zur Verteidigung ihres eigenen Standpunktes vorzubringen. Keiner denkt daran, seine Meinung zu ändern, oder erwartet, daß der Gegner dies tut. Sie fürchten sich davor, von ihrer Meinung zu lassen, da diese zu ihren Besitztümern zählt und ihre Aufgabe somit einen Verlust darstellen würde"* (7 S. 50).

Aus einer buddhistischen Betrachtungsweise heraus würde man feststellen, dass die auf solche Weise agierenden Beteiligten eines Diskurses aus ihrem Ego heraus handeln, was nach Fromm dem Modus des „Habens" entspricht. Das Ego selbst strebt nach Erhaltung, also nach Aufrechterhaltung seiner Identifikation mit der Form: den Gedanken, Emotionen, Erfolgen, Besitztümern, Meinungen und so weiter. Trifft es auf inneren oder äußeren Widerstand, das heißt, versucht man sich selbst gegen sein Ego zu wehren oder wird es vermeintlich von außen beispielsweise im Zuge einer Debatte angegriffen, dann wehrt es sich umso stärker.

Dies lässt sich hervorragend bei Konflikten zwischen zwei Personen beobachten, im Zuge derer eine augenscheinlich harmlose Diskussion aus zwei unterschiedlichen Blickwinkeln heraus plötzlich in einen handfesten Streit mündet und schlimmstenfalls sogar in der Ausübung physischer Gewalt. Deutlich gravierender ist solch eine ausschließliche Identifikation mit der eigenen Auffassung jedoch, wenn dies von Obrigkeiten oder Institutionen ausgeht, die Macht über andere besitzen und Kraft ihrer Position in der Lage sind, Zwang auszuüben oder abweichende Standpunkte zu unterdrücken. Die Geschichte hat bereits mehrfach gezeigt, mit welch erheblich negativen Konsequenzen dies für einzelne Menschen oder ganze Bevölkerungsgruppen einhergehen kann. Darüber hinaus kann eine gesamte Gesellschaft hierdurch benachteiligt werden oder eines Erkenntnisgewinns beraubt werden

– denke man nur an Galileo Galilei und seine bahn-
brechenden Entdeckungen, die nicht der damaligen
Weltsicht entsprachen und daher von der katholi-
schen Kirche rigoros diffamiert wurden. Es ist daher nicht nur von Bedeutung, dass zwei einander
ebenbürtige Individuen in einer Auseinandersetzung willens sind, die Sichtweise des anderen offen
anzuhören und sich hierdurch bereichern zu lassen.
Es ist umso wichtiger, dass diese Bereitschaft auf
Seiten von Machthabern und Entscheidungsträgern
vorhanden ist, die sonst Gefahr laufen, ihre Macht
in negativer Weise auszuüben und andere zu dis-
kriminieren. Dies kann nicht nur erheblich nachteilige Wirkung auf einzelne Personen oder bestimmte
Gruppierungen haben, sondern auch eine gesamte
Gesellschaft negativ beeinflussen bis hin zu ihrem
Untergang. Schließlich wurden auch die meisten
Hochkulturen wie die der alten Römer unter anderem Opfer des Machtzuwachses ihrer Regierungen
und der damit einhergehenden politischen Ungleichheit und Untergrabung der kollektiven Solidarität (212).

Aus diesen Gründen soll es nachfolgend im vierten Teil dieses Buches darum gehen, wie solch eine
einseitige Betrachtung grundsätzlich entlarvt und
gewandelt und infolgedessen eine gesellschaftliche
Transformation erreicht werden kann, die einen
freien Dialog unter Anerkennung aller Standpunkte
umfasst und dadurch in bestmöglichen Resultaten

für alle Bevölkerungsteile mündet. Die im Folgenden genannten Aspekte sollten bereits berücksichtigt werden, bevor eine Entscheidung gefällt und eine darauf basierende Handlung vollzogen wird. Da dies in Bezug auf COVID-19 jedoch nicht erfolgt ist, befinden wir uns inzwischen in einer gesellschaftlich sehr angespannten Situation.

Dennoch – oder gerade deshalb – ist es erforderlich, die in diesem Buchteil genannten Aspekte endlich in den Diskurs um COVID-19 einfließen zu lassen, um damit einer Spaltung unserer Gesellschaft entgegenzuwirken. Hier sind alle Seiten des Disputs gefragt, sich zu öffnen und auch zu erklären – insbesondere jedoch die Machthaber aus Politik und Wissenschaft.

Kapitel 1 – Möglichkeiten der Annäherung auf Seiten aller Beteiligten

In jedem Diskurs – sei er geführt zwischen zwei Individuen, zwischen verschiedenen Gruppierungen oder zwischen Regierenden und der Bevölkerung – ist die zugrundeliegende Haltung der Beteiligten ausschlaggebend für den Erfolg. Mit Haltung ist an dieser Stelle nicht die inhaltlich-sachliche Position gemeint. Haltung meint vielmehr die grundsätzliche Einstellung zu seinem Gegenüber – also ob diesem mit Offenheit und Wertschätzung begegnet wird oder mit Verachtung und Unverständnis. Haltung meint darüber hinaus auch die eigene Auffassung über den eben genannten „Erfolg der Debatte". Sollte Erfolg darüber definiert sein, um jeden Preis recht zu behalten oder zu bekommen, so ist die Auseinandersetzung von vornherein zum Scheitern verurteilt. Eine erfolgreiche Debatte ist die, bei der sich die Beteiligten von ihrem Ego lösen und das Ziel haben, gemeinsam das beste Ergebnis zu gestalten. Hierfür bedarf es verschiedener Voraussetzungen auf allen Seiten der Diskussion, auf die im Folgenden eingegangen wird. Je höher sich hierbei eine Person oder eine Institution in der Hierarchie befindet, das heißt, je machtvoller ihre Stellung ist, desto wichtiger ist, dass sie die nachfolgend geschilderten Aspekte von Beginn an aktiv einbringt.

Die Situation akzeptieren

Eine wichtige Voraussetzung dafür, einen offenen Dialog unter Einbeziehung aller Perspektiven zu erreichen, ist zunächst, die Situation so auf sich wirken zu lassen, wie sie sich darstellt. Auch wenn wir mit bestimmten Geschehnissen nicht konform gehen, ist es essenziell, möglichst keinen inneren Widerstand dagegen zu haben oder gar mit der Situation zu hadern. Darüber hinaus ist es nicht hilfreich, sich über die Vergangenheit zu grämen oder über die Zukunft zu sorgen. Der einzige Moment, den wir zur Verfügung haben, ist das Hier und Jetzt. Und eine bewusste Wahrnehmung der aktuellen Geschehnisse ist eine grundlegende Voraussetzung dafür, diese hin zu einem Besseren zu bewegen.

Mit bewusster Wahrnehmung und Akzeptanz ist nicht gemeint, sich alles gefallen zu lassen oder zu einem bestimmten Zeitpunkt keine Stellung zu beziehen. Es ist jedoch trotzdem wichtig, zunächst den inneren Widerstand im Sinne von „ich will das so nicht" oder „ich möchte, dass das anders ist" loszulassen. Denn dieser lenkt vielmehr vom Wesentlichen ab und hilft nicht, die Situation zu verändern. Erst nachdem wir uns vom eigenen inneren Widerstand gelöst haben, kann offenbar werden, welches die richtigen und angemessenen Schritte sind, um eine Situation zu verbessern. Und diese Schritte fangen immer bei uns selbst an. Es ist unmöglich, eine Situation nur im Außen zu verändern. Im Gegenteil: ändern wir die Dinge in uns selbst, haben wir auch unmittelbaren Einfluss auf unsere Umgebung.

Dabei müssen wir uns unbedingt auf das fokussieren, was wir positiv erreichen möchten – und nicht auf das, was wir nicht möchten.

Im Hinblick auf COVID-19 wurde bereits aufgezeigt, dass die durch Machthaber erlassenen Dekrete teils erheblich negative Auswirkungen auf einzelne Personen und ganze Bevölkerungsgruppen haben. Durch die gravierenden Versäumnisse der Regierung ist es aus der Perspektive derjenigen, die unter diesen Konsequenzen leiden, umso schwieriger, die Situation zunächst als gegeben hinzunehmen. Dies verdeutlicht noch stärker die Wichtigkeit der hier geschilderten Annäherung vor allem auf Seiten der Entscheidungsträger, bevor einschränkende Maßnahmen festgelegt werden.

Aufmerksam beobachten
Eine weitere Voraussetzung für den offenen Austausch ist, die Situation aufmerksam zu beobachten: Was passiert hier eigentlich genau? Wer sagt gerade was? Wie äußert sich derjenige?

Dabei geht es um eine reine Beschreibungsebene; es ist keine Bewertung oder Interpretation gefragt. Diese wäre sogar eher schädlich, denn sobald wir beginnen zu interpretieren, bewegen wir uns oftmals in den Bereich der Unterstellung: „Er hat dieses und jenes gesagt, weil er sich wichtig machen will", wäre ein Exempel dafür. Dies kann zum einen negative Emotionen bei uns selbst erzeugen und macht es damit schwierig, unsere neutrale Grundhaltung beizubehalten und die Situation wie im vorstehenden Abschnitt beschrieben zu akzeptieren. Zum anderen lösen wir damit Ärger bei demjenigen aus, dem wir bestimmte (meist negative) Motive unterstellen, selbst wenn wir diese ihm gegenüber nicht direkt äußern. Menschen spüren, ob ihnen mit Wohlwollen und Respekt begegnet wird. Daher ist jede Form der Interpretation nicht hilfreich dafür, einen Konflikt aufzulösen. Besser wäre, denjenigen danach zu fragen, warum er sich so oder so verhält oder dieses und jenes sagt. Und die Antwort darauf sollte zunächst wieder aufmerksam und neutral angehört beziehungsweise mit einer positiven Grundhaltung beobachtet werden.

Hinsichtlich COVID-19 ist dies bis dato nicht geschehen. Die Regierung richtet sich von Beginn an nach einigen wenigen ihr nahestehenden Wissenschaftlern. Um jedoch eine Sachlage umfassend wahrzunehmen und entsprechend stimmige Beschlüsse zu fassen, ist ein zugewandter Dialog unter Einbeziehung aller Sichtweisen unabdingbar. Es sollten keine Unterstellungen erfolgen gegenüber Andersdenkenden. Solche untergraben nur einen wertvollen Austausch und könnten die Fronten verhärten. Vielmehr müssen offene Fragen gestellt werden: „Wie kommen Sie zu dieser Annahme? Welche Erkenntnisse legen Sie dem zugrunde? Sind Sie bereit, sich einer anderen Position mit Offenheit und Aufmerksamkeit zuzuwenden?". Solche Fragen sollten selbstverständlich nie aus rhetorischen oder taktischen Gründen gestellt werden. Grundlage hierfür muss echtes Interesse auf Seiten des Fragenden sein für die Motive des anderen. Und die Antwort darauf sollte wiederum aufmerksam beobachtet und aus einer mindestens neutralen Perspektive wahrgenommen werden, idealerweise gar aus einer positiven. Das heißt, dafür offen zu sein, dass man von der anderen Seite etwas lernen kann und die eigene Sichtweise durch sie bereichert wird. Niemand hat die Antwort auf alle Fragen, niemand kann alles wissen. Dies im ersten Schritt vor sich selbst zuzugeben und im zweiten Schritt auch nach außen zu tragen ist kein Zeichen von Schwäche. Im Gegenteil: es wird auch das Gegenüber dafür öffnen, den Dialog auf eine höhere Ebene der Bewusstheit zu transformieren.

Tief zuhören
Analog zu der eben beschriebenen aufmerksamen Beobachtung ist es wichtig, dem Gegenüber in einem Gespräch oder einer Debatte mit tiefem Zuhören zu begegnen. Es geht hierbei darum, zuzuhören, um zu verstehen – und nicht, um zu reagieren oder bereits innerlich die beste Antwort oder das schlagkräftigste Gegenargument vorzuformulieren. Im Interesse des Zuhörers sollte ausschließlich liegen, die Haltung und Beweggründe des anderen kennenzulernen und ihm neutral und offen zu be-

gegnen. Nach Erich Fromm ist hierfür die Existenzweise des Seins statt der des Habens maßgeblich:
*„Die Voraussetzungen für die Existenzweise des Seins
sind Unabhängigkeit, Freiheit und das Vorhandensein
kritischer Vernunft. (…) Es bedeutet, sich selbst zu erneuern, zu wachsen, sich zu verströmen, zu lieben, das
Gefängnis des eigenen isolierten Ichs zu transzendieren,
sich zu interessieren, zu lauschen, zu geben"* (7 S. 110).

In einem Diskurs wie dem um COVID-19 ist es
von großer Wichtigkeit, dem anderen zunächst die
Möglichkeit zu bieten, sich zu äußern. Und zwar
nicht als Alibi, um vorzutäuschen, man hätte ein of-
fenes Ohr. Sondern aus der tiefen Überzeugung
heraus, dass der andere Standpunkt ebenfalls wert-
voll ist und eine Daseinsberechtigung hat. Ziel des
Zuhörers sollte dabei sein, dem Gegenüber alle
Möglichkeiten zur Äußerung zu geben und dabei
seine Motive möglichst gut zu verstehen – mögen
sie auch noch so wenig mit den Eigenen überein-
stimmen. Ziel sollte nicht sein, den Gegner ins Unrecht zu setzen, seine Argumente auseinanderzu-
nehmen und während des Zuhörens die eigene Ge-
genrede vorzubereiten. Idealerweise sollte man hin
und wieder versuchen, das gerade Gehörte in seinen eigenen Worten wiederzugeben und den anderen darum bitten, dies entweder zu bestätigen oder
zu korrigieren. Dies sollte wiederum nicht als rhe-
torische Technik genutzt werden, sondern ein Mit-

tel sein, dass das tiefe Zuhören unterstützt und dabei hilft, sich wie im nächsten Abschnitt beschrieben in den anderen hineinzuversetzen.

Sich in das Gegenüber hineinversetzen

Wenn wir in der Lage sind, eine Situation widerstandslos anzunehmen, sie aufmerksam und mit einer neutralen Grundhaltung zu beobachten, und unserem Gegenüber tief zuzuhören, haben wir bereits wichtige Voraussetzungen für einen offenen Dialog geschaffen. Auf Basis dieser Ausgangslage ist es möglich, uns in den anderen hineinzuversetzen und wirklich zu verstehen, was ihn oder sie bewegt. Denn echtes Verständnis basiert auf Verständigung. Solange wir der Ansicht sind, dass unsere Meinung die einzig richtige und überlegene ist, wird es keine Verbesserung geben und nur der Widerstand in uns selbst und in unserem Gegenüber geschürt.

Die Techniken des tiefen Zuhörens und Verstehens können sogar in stark verhärteten Konfliktsituationen angewandt werden. Beispielsweise bietet der buddhistische Mönch Thich Nhat Hanh in seinem französischen Zentrum in Plum Village ein „Israel-Palästina-Retreat" an, bei dem es darum geht, tiefes Zuhören und liebevolle Sprache zu praktizieren, sodass die gegnerischen Seiten in die Lage kommen, sich in den jeweils anderen hineinzuversetzen (213). Nach Erich Fromm ist das höchste Ziel des menschlichen Lebens „... *die volle Entfaltung der eigenen Persönlichkeit und der des Mitmenschen ...“* (7 S. 208).

In Bezug auf COVID-19 und andere Konflikte bedeutet dies, dass sich Politiker in die Situation der Bürger hineinversetzen und nachfühlen, wie es diesen ergeht und wie die Einschränkungen durch die Verordnungen sich auf ihr Leben auswirken. Hier ist echtes Mitgefühl gefragt und kein Verschanzen hinter Statistiken und Fallzahlen im Sinne einer Bürokratie nach Fromm. Denn *„Den Bürger zu zwingen, das zu verbrauchen, was der Staat für das beste hält – selbst, wenn es das beste ist –, kommt nicht in Frage“* (7 S. 215). Gleiches gilt selbstverständlich auch für gesundheitliche Maßnahmen der Regierung.

Mit dem Herzen sprechen
Ist es nun über die neutrale Beobachtung und das tiefe Zuhören gelungen, sich in sein Gegenüber hineinzuversetzen, so sollte man wie bereits beschrieben seine eigenen Äußerungen nicht tätigen mit dem Ziel, den anderen ins Unrecht zu setzen und selbst recht zu behalten. Wichtiger ist vielmehr, sich von der Verstandesebene und dem Ego (dem „Haben“ nach Fromm) zu lösen und mit dem Herzen zu sprechen – also analog zu Fromm in der Existenzweise des „Seins“. Nur auf der Herzensebene sind wir in der Lage, andere wirklich zu erreichen. Sachliche Fakten und Argumente können eine wichtige Grundlage hierfür sein. Werden jedoch vorwiegend

diese Elemente genutzt, die ausschließlich dem Verstand entspringen, finden wir uns bald erneut in einer Debatte wieder, die eher einem Schlagabtausch ähnelt denn einem offenen und interessierten Dialog.

Fromm beschreibt dies wie folgt: *„Während sich der „Habenmensch" auf das verläßt, was er hat, vertraut der „Seinsmensch" auf die Tatsache, daß er ist, daß er lebendig ist und daß etwas Neues entstehen wird, wenn er nur den Mut hat, loszulassen und zu antworten. (...) Die Unterhaltung hört auf, ein Austausch von Waren (Informationen, Wissen, Status) zu sein, und wird zu einem Dialog, bei dem es keine Rolle mehr spielt, wer recht hat"* (7 S. 51). Die Charakterstruktur des „neuen Menschen" nach Fromm sollte dabei unter anderem darauf basieren *„... andere nicht zu täuschen, sich aber auch von anderen nicht täuschen zu lassen; ..."* (7 S. 209).

Würde ein Diskurs wie der um COVID-19 mit dem Herzen oder aus der Existenzweise des Seins geführt, so gäbe es auf beiden Seiten der Auseinandersetzung Empathie für das jeweilige Gegenüber. So wie Maßnahmenkritiker Verständnis haben sollten für Personen, die Angst vor dem Virus und einer Erkrankung haben, muss umgekehrt auch Verständnis dafür vorhanden sein, dass die Gegenseite Angst vor Fremdbestimmung und Einschränkungen der Freiheit hat. Und vor allem auf Seiten der Machthaber muss eine Einsicht existieren für die

Gefahren und negativen Auswirkungen ihres Vorgehens. Dies würde entsprechend auch geäußert werden – und zwar nicht nur als Lippenbekenntnis. Politiker könnten zugeben, dass sie auch mal überfragt sind oder Fehlentscheidungen treffen. Jedes Abwägen muss zwingend Teil der öffentlichen Debatte sein und darf nicht hinter verschlossenen Türen erfolgen. Dabei muss transparent kommuniziert werden, mit welchen Experten gesprochen wird und welche Verbindungen vergleichsweise zur Wirtschaft bestehen. Und das Abwägen muss mit dem Herzen geschehen und darf nicht ausschließlich auf bürokratischen Aspekten, Statistiken und Fallzahlen basieren.

Kapitel 2 – Möglichkeiten der Einflussnahme auf Seiten der Bevölkerung

In diesem vierten Buchteil ging es bisher vorwiegend darum, einen Konflikt über gegenseitige Annäherung aufzulösen. Dies bedeutet jedoch wie eingangs geschildert nicht, alle Dinge unwidersprochen hinzunehmen oder keine Stellung zu beziehen. Erst recht, sofern ein Teil der Bevölkerung mit ihren Ansichten nicht ernst genommen wird oder ein wichtiger kultureller Wert wie der der Freiheit dem der vorgeblichen Fürsorge geopfert wird. *„Um eine am Sein orientierte Gesellschaft aufzubauen, müssen alle ihre Mitglieder sowohl ihre ökonomischen als auch ihre politischen Funktionen aktiv wahrnehmen",* postuliert auch Erich Fromm (7 S. 221).

Diese aktive Wahrnehmung der ökonomischen als auch politischen Funktionen durch alle Mitglieder der Gesellschaft geht vor allem damit einher, Verantwortung für das eigene Handeln und dessen Konsequenzen zu übernehmen. Wer über sein Leben bestimmt und selbst Entscheidungen fällt, muss auch bereit sein, die Folgen dieser zu tragen. Es mag manchmal bequemer erscheinen, dies auf andere abzuwälzen, wie beispielsweise auf den Regierungsapparat. Dadurch scheint es nicht erforderlich, sich selbst tief mit einer Sache auseinanderzusetzen. Doch wollen wir wirklich, dass Dritte über die essenziellen Belange unserer Existenz entscheiden? Was macht uns so sicher, dass sie diese Verantwortung im besten Sinne ausüben und uns keinen Schaden zufügen – aus Fahrlässigkeit, Böswilligkeit oder welchen Motiven heraus auch immer? Sich an die Regeln und Auflagen der Obrigkeit zu klammern und dies darüber zu begründen, dass man damit ja alles richtig mache und auf der sicheren Seite sei, beschneidet uns jeglicher Möglichkeit der freien Selbstbestimmung. Somit können wir zwar vermeintlich die Schuld auf andere schieben, wenn sich etwas nicht zu unserem Besten entwickelt. Aber wir werden nie erfahren, wie es ist, Eigenverantwortung zu übernehmen und als freie, selbstbestimmte Wesen zu leben. Freie Selbstbestimmung meint hierbei nicht, rein zum persönlichen Vorteil zu handeln ohne Rücksicht auf Dritte. Es bedeutet vielmehr eine freie Entfaltung der eigenen Persönlichkeit unter Achtung aller Wesen.

Die im vorangegangenen Kapitel beschriebenen Elemente sind wichtige Voraussetzungen, die auf allen Seiten einer Kontroverse gegeben sein sollten, um einen offenen Dialog zu führen und eine daraus resultierende Annäherung zu ermöglichen, welche wiederum in einer freien und selbstbestimmten Existenzweise mündet. Was aber, wenn die Gegenseite diese Elemente nicht berücksichtigt – also weder die Situation akzeptiert noch aufmerksam beobachtet oder tief zuhört, und sich auch nicht in das Gegenüber hineinversetzt oder mit dem Herzen spricht? Und was, wenn dieses Defizit vor allem auf Seiten der Machthaber besteht und diese weiterhin ihre Entscheidungsgewalt durchsetzen, ohne dabei Aspekte von Mitgefühl und Menschlichkeit in den Vordergrund zu stellen?

Wichtig ist zunächst, trotz allem nicht die eigene offene und positive Haltung zu verlassen – mag es auch noch so schwerfallen und wenig zielführend erscheinen. Zudem können jedoch aus dieser Haltung heraus Schritte abgeleitet werden, um die Situation zu beeinflussen. Hierauf wird in den nachfolgenden Abschnitten eingegangen. Zusätzlich sollte darüber nachgedacht werden, ob nicht analog zu anderen Kulturen die Rolle eines Mediators etabliert werden könnte. Dieser hätte die Aufgabe, in einer solchen Situation der ungleichen Machtverteilung eine Disharmonie offen anzusprechen und alle Seiten daran zu erinnern, in den Dialog zu kommen.

Bewusstmachung

Die Voraussetzungen, die nach Erich Fromm für eine gesellschaftliche Transformation gegeben sein müssen, basieren auf den Vier Edlen Wahrheiten nach Buddha (7 S. 205):

- *„Wir leiden und sind uns dessen bewußt."*
- *„Wir haben die Ursache unseres Leidens (**ill-being**) erkannt."*
- *„Wir sehen eine Möglichkeit, unser Leiden zu überwinden."*

- *„Wir sehen ein, daß wir uns bestimme Verhaltensnormen zu eigen machen und unsere gegenwärtige Lebenspraxis ändern müssen, um unser Leiden zu überwinden."*

Diese Vier Edlen Wahrheiten sind stufenweise zu betrachten. Das heißt, wir können nicht bereits auf Stufe 2 die Ursache unseres Leidens erkennen oder auf Stufe 3 die Möglichkeit sehen, das Leiden zu überwinden, wenn wir uns nicht zunächst auf der ersten Stufe bewusst geworden sind, dass wir überhaupt leiden.

Bei einigen Teilen der Bevölkerung scheint zurzeit noch kaum Bewusstheit über das eigene Leiden und das anderer in Bezug auf COVID-19 zu bestehen. Viele Menschen können beispielsweise ihren Beruf unverändert ausüben, sind nicht mit finanziellen Einbußen konfrontiert oder haben keine Herausforderungen bei der Kinderbetreuung. Doch einige sind sich bereits bewusst, dass viele Maßnahmen negative Auswirkungen nicht nur auf sie persönlich, sondern auch auf andere und gar auf die komplette Gesellschaft haben. Hier ist gefragt, dass diese Personen entsprechend Stellung nehmen und dies im eigenen Umfeld und in der Öffentlichkeit kundtun. Solange die meisten hierzu schweigen, können andere das Bewusstsein für ihr Leiden und das Dritter leichter verdrängen. Und dieses Bewusstsein ist analog der Vier Edlen Wahrheiten schließlich die erste Voraussetzung für einen gesellschaftlichen Wandel. Erst im nächsten Schritt beginnt die Ursachenforschung, um dann mögliche Handlungsoptionen zu eruieren und schlussendlich die Lebenspraxis zu ändern und das Leiden zu überwinden.

Der eigenen Intuition folgen

Eine Möglichkeit, zu der eben beschriebenen Bewusstwerdung des eigenen Leidens und des anderer zu gelangen, ist die Berücksichtigung der Intuition. Bereits Fromm nimmt dazu Stellung: *„Wir wissen es, wenn wir belogen oder ausgebeutet oder zum Narren gehalten werden, wenn wir uns selbst in die Tasche gelogen haben. (...) Doch während (unsere Vorfahren) sich ihres Wissens* **bewußt** *waren und es anwandten, verdrängen wir unser Wissen sofort, ..."* (7 S. 123). Es ist weit über die Wissenschaft hinaus erwiesen, dass auf Basis unserer Intuition gute Entscheidungen gefällt werden und dass häufig nicht die rationale und faktenbasierte Wahl zum besten Ergebnis führt (214). Jedoch kommt die Intuition heute in westlichen Kulturen kaum noch zur Anwendung und wird sogar verpönt, erst recht in Staaten mit großen Verwaltungsapparaten und Bürokratien. Dennoch ist es wichtig, dass wir auf unsere innere Stimme hören, wenn diese sich meldet. Selbst wenn wir keine offenkundigen Daten oder vermeintliche Beweise für etwas haben, kann sie uns darauf aufmerksam machen, ob eine Situation stimmig ist oder nicht. Das bedeutet, wir können nicht nur die äußere Umgebung, sondern auch unser Inneres bewusst wahrnehmen und uns selbst wieder ermächtigen, eigene Entschlüsse zu fällen.

Bezüglich COVID-19 und auch bei vielen anderen gesellschaftlichen Herausforderungen ist es unmöglich, die absolute Wahrheit anhand von Daten oder Fallzahlen zu definieren und eine einzige, richtige Position oder Auffassung daraus abzuleiten. Hierfür ist die Situation zu schnelllebig, zu komplex und die Untersuchungsmethoden und Studien zu unterschiedlich – und auch die Informationslage ist größtenteils zu einseitig beziehungsweise nicht detailliert genug. Umso wichtiger ist, dass auch der Intuition ein gewisser Spielraum eingeräumt wird in einer ganzheitlichen Entscheidungsfindung – erst recht, wenn es um die individuelle Freiheit oder um persönliche Belange geht. Politiker und Wissenschaftler können hier einen generellen Empfehlungsrahmen vorgeben und diesen entsprechend begründen. Die schlussendliche Wahl sollte jedoch bei jedem selbst liegen und neben der Datenlage auch die persönliche Situation und eigene Intuition berücksichtigen. Das bedeutet allerdings in der Konsequenz, selbst Verantwortung übernehmen zu müssen. Wer dies nicht möchte, kann sich auf die Empfehlungen von höherer Stelle berufen – ohne jedoch andere dazu zu zwingen, diesen ebenfalls nachzukommen.

Selbst Recherche betreiben

Neben der reinen Intuition ist es wichtig, auch selbst eigene Recherche zu betreiben. Die Intuition kann als erster Hinweisgeber dafür betrachtet werden, dass eine Situation nicht stimmig ist. Sie muss auch nicht vollends mit Daten und Fakten untermauert werden. Allerdings ist es für die individuelle Entscheidungsfindung, den ganzheitlichen Blick und auch für die Auseinandersetzung mit anderen durchaus von Bedeutung, sich tief mit einer Thematik zu befassen. Ein wichtiges Element hiervon ist die eigene ausführliche Recherche – insbesondere dann, wenn die breite allgemeine Debatte sehr eindimensional wirkt oder etwas hieraus der Intuition widerspricht. Es wäre also in solchen Situationen eher fatal, sich eine persönliche Auffassung daraus abzuleiten, dass „alle das gleiche sagen" und man in verschiedenen Organen der Massenmedien eine ähnlich lautende Berichterstattung vorfindet. Vielmehr ist die eigene umfängliche Beschäftigung mit kritischen Themen gefragt – und hierzu bieten heute diverse Kanäle einschließlich des Internets eine Vielzahl von Möglichkeiten. Die sogenannten „alternativen Medien" stehen hierbei in der Öffentlichkeit in großer Kritik, vor allem auch bezüglich COVID-19. Es wird generell unterstellt, dass sich hier angebliche „Covidioten", „Aluhutträger" oder „Rechtsextreme" äußern und eine grundsätzlich unseriöse Berichterstattung erfolgt. Tatsächlich sind solche Phänomene nicht gänzlich auszuschließen, genauso wenig wie auf Seiten der sogenannten „Massenmedien". Und ist es nicht gar absurd, dass ein Medium dem anderen unseriöse Praktiken vorwirft und sich selbst darüber zu einer Absolutheit erklärt? Grundsätzlich sollte man bei jeder Information hinterfragen, woher die Inhalte stammen und möglichst versuchen, die ursprüngliche Quelle zu recherchieren. Darüber hinaus sollte man sich fragen, warum jemand etwas gegebenenfalls sagt oder tut – unabhängig davon, ob die Information aus der breiten Medienlandschaft oder einem Kanal im Internet stammt. Welchen beruflichen oder politischen Hintergrund hat die Person oder Institution, die eine bestimmte Kommunikation verbreitet? Wie sieht die Biografie des Menschen aus, der eine gewisse Auffassung vertritt? Was hat der- oder diejenige gegebenenfalls persönlich davon, eine bestimmte Botschaft zu senden? Hilft es ihm oder ihr zu einer noch mächtigeren Stellung oder einem größeren Bekanntheitsgrad? Mit welchen Einflussnehmern aus Wirtschaft oder Politik ist die Person gegebenenfalls verbandelt? Es soll an dieser Stelle ausdrücklich nicht zu einer generell misstrauischen Haltung aufgerufen werden. Stattdessen geht es vielmehr darum, Aussagen und Meinungen nicht leichtfertig zu übernehmen, sondern den Dingen kritisch auf den Grund zu gehen und hierfür die eine oder andere Leitfrage sowie eine tiefe Recherche zu nutzen.

Zivilcourage zeigen /
Die eigene Position vertreten

Hat man auf Basis der Intuition, der eigenen Recherche oder anderer Grundlagen eine Entscheidung für sich persönlich gefällt, so sollte man entsprechend Zivilcourage zeigen und diese auch offen vertreten – also sie vergleichsweise in einem Diskurs mit anderen kundtun. Hierbei geht es nicht darum, in einen Schlagabtausch mit anderen einzutreten und den im ersten Kapitel dieses vierten Buchteils geschilderten Weg zur Annäherung zu verlassen. Es geht vielmehr darum, Haltung zu zeigen und hierüber auch anderen zu ermöglichen, sich zu öffnen. Außerdem kann dadurch Menschen mit ähnlicher Auffassung klar werden, dass sie nicht alleine sind. Idealerweise bekommen sogar Machthaber einen Eindruck davon, dass Teile der Bevölkerung nicht mit ihren Entscheidungen konform gehen. Gemeint ist an dieser Stelle keine Hetze, keine Propaganda und auch nicht der Aufruf an andere, es einem gleich zu tun. Gemeint ist lediglich, dass Außenstehende wahrnehmen können, wie man selbst zu einer bestimmten Sache steht. Ob sie sich dem dann anschließen möchten oder nicht, bleibt jedem selbst überlassen.

Wichtig ist in diesem Zusammenhang auch, für sich selbst und gegebenenfalls auch gegenüber Dritten klarzumachen, wofür man einsteht. Wenn wir innerlich im Widerstand – also gegen etwas – sind, dann begeben wir uns energetisch gesehen in eine

Opferrolle. In Wirklichkeit kann uns jedoch niemand sagen, was wir zu tun oder zu lassen haben. Dies ist unsere Verantwortung, auch genannt Schöpferbewusstsein. Eine Position gegen etwas einzunehmen, führt daher nicht zum gewünschten Ziel. Im Gegenteil: dies erhöht den Widerstand auch auf der anderen Seite und trägt eher dazu bei, Fronten zu verhärten. Viel dienlicher ist hingegen, klar zum Ausdruck zu bringen, wofür man ist. Beispielsweise für Freiheit, für Selbstbestimmung, für alternative Maßnahmen, oder für eine Richtlinie, die als Empfehlung gilt und einzelnen Personen daher einen klar definierten Handlungsspielraum einräumt. Hierüber haben wir nicht nur selbst ein positives Ziel vor Augen, auf das wir zusteuern können. Auch unser Gegenüber kann unser Anliegen besser verstehen und wird mit hoher Wahrscheinlichkeit weniger Ablehnung dagegen aufbringen.

Gemeinschaften bilden
Sobald wir die eigene Position nach außen vertreten, werden wir feststellen, dass dies auf Widerstand stößt. Mit großer Wahrscheinlichkeit ist unser Gegenüber noch nicht so weit, sich anderen Sichtweisen offen und neutral zuzuwenden und hat vielleicht wenig Bereitschaft, sich hiervon bereichern zu lassen. Auch wenn wir selbst die im ersten Kapitel dieses vierten Buchteils beschriebenen Ansätze der gegenseitigen Annäherung beherzigen, so werden wir vermutlich auf eine harte Probe gestellt und

hin und wieder auch entmutigt sein. Umso wichtiger ist es, sich mit Gleichgesinnten zu verbinden und darüber Gemeinschaften zu bilden, die sich gegenseitig unterstützen. Hiermit ist nicht gemeint, ausschließlich seinen eigenen Standpunkt bestätigt zu bekommen. Es geht vielmehr um den Austausch in einem wohlwollenden Rahmen, der die in Kapitel 1 dieses Buchteils genannten Voraussetzungen beinhaltet und zum Ziel hat, gemeinsam zu einem tieferen Verständnis und besseren Erkenntnissen zu gelangen.

Aus diesem Ursprung heraus sind unter anderem auch Philosophische Cafés entstanden. Das Hauptanliegen eines Philosophischen Cafés ist, interessierten Menschen eine Gelegenheit zu geben, die Meinung anderer in Frage zu stellen und gleichzeitig ihre eigenen Auffassungen hinterfragen zu lassen. Darüber sollen sie lernen, entgegengesetzte Haltungen zu tolerieren. Gleichzeitig stützen solche Gemeinschaften jedoch einander auch emotional und verleihen wieder eine neue Stärke und Möglichkeiten, sich in weniger wohlgesonnener Umgebung offen zu äußern.

Neben dem Anschluss an größere Initiativen kann es jedoch ebenso zielführend sein, sich zu zweit oder in kleinem Kreis zu treffen und einen offenen und wertschätzenden inhaltlichen und sozialen Umgang zu pflegen. Auch dies geht einher mit einer emotionalen und mentalen Stärkung und schafft hierüber die Möglichkeit, die Lebenssituation langsam und stetig zu verbessern.

Gewaltlosen Widerstand ausüben

Die bisher beschriebenen Möglichkeiten zur Beilegung von Konflikten bezogen sich vorwiegend auf die verbale Auseinandersetzung. Darüber hinaus ist aktiver, aber friedlicher Widerstand eine wichtige Methode, um gesellschaftliche Veränderung zu erzielen – dies wissen wir spätestens seit Mahatma Gandhi, Martin Luther King oder Nelson Mandela. Alle drei haben in scheinbar ausweglosen Situationen, die sich teils über Jahrhunderte etabliert hatten, den Wandel eingeleitet und immer mehr Menschen hinter sich vereint. Sie haben auf gegen sie und ihre Mitstreiter gerichtete Gewalt umgekehrt nicht mit Gewalt reagiert und weiterhin den friedlichen Widerstand propagiert. Dabei bedienten sie sich unter anderem der Mittel der gewaltfreien Demonstration, der friedlichen Kundgebung und zum Teil auch des Streiks. Hierdurch wurde schließlich ein Wandel der Machtverhältnisse erreicht, mit dem noch Jahre vorher niemand gerechnet hatte.

Demzufolge kann gewaltloser Widerstand auch ein probates Werkzeug sein in Situationen, bei denen nur eine Auffassung vorherrschend zu sein scheint und andersartige Positionen ausgegrenzt werden – selbst wenn diese auf den ersten Blick nicht so dramatisch wirken wie die Lage der Inder zu Zeiten von Mahatma Gandhi, die der Afroamerikaner zu Zeiten Martin Luther Kings oder die der schwarzen Bevölkerung in Südafrika zu Zeiten der Apartheit.

Wie bereits erwähnt ist in einer Demokratie die Möglichkeit zur Demonstration grundsätzlich ein wichtiges Element des gewaltlosen Widerstands, um Kritik zu üben und Veränderung zu bewirken. Im Hinblick auf COVID-19 sind die Proteste von Maßnahmenkritikern hierfür ein erstes gutes Beispiel – es ist jedoch zwingend erforderlich, dass diese weiterhin friedlich bleiben. Inzwischen werden jedoch immer mehr Demonstrationen im Zusammenhang mit COVID-19 verboten mit Hinweis auf das Infektionsgeschehen und die vermeintlich mangelnde Einhaltung der Anordnungen bei den Kundgebungen (215). Dies ist natürlich ein Widerspruch in sich, denn eigens gegen diese Auflagen gehen die Maßnahmenkritiker ja auf die Straße. Aufgrund der dennoch weiter bestehenden CO-VID-19 Versammlungsverbote sind weitere Mittel des gewaltlosen Widerstands gefragt über die reine Demonstration hinaus.

Fromm ruft in seinem Werk gar zum Streik auf: *„Eine wirksame Methode, mit der die Bevölkerung die **Macht des Konsumenten** demonstrieren kann, ist der Aufbau militanter Verbraucherorganisationen, die sich des „Verbraucherstreiks" als Waffe bedienen. (...) In der Tat würde schon eine Minderheit von 20 Prozent ausreichen, um Veränderungen herbeizuführen"* (7 S. 219, 220). Im Rahmen von COVID-19 scheint es tatsächlich zu ersten Initiativen zu kommen, die einem Bevölkerungsstreik ähneln. Zumindest haben sich Anfang 2021 diverse Gastronomen und Einzelhändler in verschiedenen Ländern unter der Initiative „#wirmachenauf" zusammengeschlossen und planen, sich über den Lockdown der Regierungen hinwegzusetzen (216). Auch die Berliner Feinkostkette Lindner hat dem Tagesspiegel zufolge beschlossen, künftig auch Kunden ohne Maske zu bedienen: *„Man gehe davon aus, dass ein befreiendes Attest vorliege, schreibt der Kundenservice. Geprüft werde das aber nicht – aus Datenschutzgründen"* (217). Wenn dieser Widerstand Unterstützung in der Bevölkerung findet, indem die Menschen das Angebot solcher Gastronomen und Händler nutzen, kommt dies einem streikähnlichen Protest nach Fromm gleich. Sobald solcher Widerstand auch quantitativ groß genug ist, wird es einer Regierung nicht mehr gelingen, ihn zu ignorieren. Und ihrem Verwaltungsapparat wird es unmöglich, umfassende Kontrollen vorzunehmen und Sanktionen zu verhängen.

Zivilen Ungehorsam demonstrieren

Ein anderes Exempel für eine friedliche Opposition gegen die COVID-19 Auflagen ist der Umgang einiger Individuen damit. Es gibt Menschen, die entsprechend zivilen Ungehorsam zeigen und dem Staatsapparat im legalen Rahmen die Durchsetzung seiner Kontrollen erschweren – indem sie beispielsweise im Zuge einer Personenkontrolle während einer Ausgangssperre sorgfältig abwägen, welche

Angaben sie zwingend machen müssen und welche nicht. Sie sind in diesem Zusammenhang bereit, sich auszuweisen und auch anzugeben, dass sie einen triftigen Grund für den Ausgang haben. Gleichzeitig weigern sie sich, diesen Grund direkt zu nennen. Sie bestehen auf nachträgliche Zusendung eines Anhörungsbogens, um dort den Grund schriftlich anzugeben. Dies erhöht die Arbeit für den Verwaltungsapparat im Rahmen der Legalität und ist ebenfalls eine Variante des friedlichen Widerstands. Es gilt hier das gleiche wie für die weiter oben genannte Initiative „#wirmachenauf": je mehr Menschen dieses Verhalten zeigen, desto weniger können Kontrollen umgesetzt und Sanktionen verhängt werden. Der Bürokratismus lähmt sich selbst.

Die Rolle von Experten
Wichtig für den gewaltlosen Widerstand mit Ziel eines gesellschaftlichen Wandels ist überdies, dass sich neben obenstehenden Initiativen von Einzelpersonen oder Teilen der Allgemeinbevölkerung auch Experten in entsprechender Weise einbringen.

So führt eine renommierte Forschergruppe der kalifornischen Stanford Universität eine Studie zu COVID-19 durch, bei der die Wirksamkeit verglichen wird von restriktiven „nicht-pharmazeutischen Interventionen" (NPIs), wie vergleichsweise den Lockdowns im Frühjahr 2020 in Deutschland und anderen Ländern, mit der von weniger restriktiven NPIs wie in Schweden und Südkorea (218).

Die Forschergruppe kommt zu der Schlussfolgerung, dass es nach ihrem Erkenntnisstand keine stichhaltigen Beweise für die Wirksamkeit von restriktiveren NPIs bei der Kontrolle von COVID-19 gibt. Sie empfehlen hingegen gezieltere Mittel im Bereich der öffentlichen Gesundheit, die die Übertragungen effektiver reduzieren und für die künftige Kontrolle des Virus wichtig sein könnten, ohne die Nachteile von sehr einschränkenden Auflagen wie einem Lockdown in Kauf nehmen zu müssen. Dieser Artikel findet jedoch bis dato keinen Eingang in die breite allgemeine Debatte. Somit zeigt sich erneut, dass die erforderliche sorgfältige Abwägung der Maßnahmen nicht in ausreichendem Maße stattfindet.

Ein weiteres Beispiel für das wichtige Engagement von Experten ist die bereits an früherer Stelle erwähnte „Great Barrington Declaration" (128). Hier haben sich hochrangige Epidemiologen und Wissenschaftler im Bereich des öffentlichen Gesundheitswesens zusammengeschlossen. Es handelt sich dabei um Professoren der Harvard Universität, der Oxford Universität und der Stanford Universität in den USA. Diese Forscher äußern über die genannte Great Barrington Erklärung ihre Bedenken bezüglich der vorherrschenden COVID-19 Maßnahmen. Sie nehmen die eben geforderte sorgfältige Abwägung vor und unterbreiten Gegenvorschläge, die weniger negative Auswirkungen auf die Bevölkerung haben und ihrer Expertise zufolge dennoch eine wirksame Alternative darstellen im

Umgang mit COVID-19. Auch diese Deklaration wird bisher weder von politischen Amtsträgern erwähnt noch von der breiten Medienlandschaft aufgenommen.

In Deutschland kommen einige Personen aus Wissenschaft und Forschung ebenfalls zu einem differenzieren Bild von COVID-19 und verlangen eine entsprechende Erwägung der damit verbundenen Anordnungen. So analysieren der Leiter des Frankfurter Gesundheitsamtes, Professor René Gottschalk, und seine ehemalige Stellvertreterin, Professor Ursel Heudorf, den Verlauf von COVID-19 im Frankfurter Raum bis Ende August 2020 (47). Sie kommen zu dem Ergebnis, dass ihren Daten zufolge keine Übersterblichkeit vorliegt. Das Statistische Bundesamt sieht für das Gesamtjahr 2020 ebenfalls keine deutliche Übersterblichkeit in Deutschland (49). Auch andere Statistiken zeigen eine sogenannte Übersterblichkeit nur in einzelnen Kalenderwochen, wobei diese lediglich zur Hälfte auf COVID-19 zurückzuführen ist (219). Heudorf und Gottschalk kommen in ihrer Analyse weiterhin zu dem Resultat, dass die Anzahl der schweren Erkrankungsverläufe sowie der erforderlichen Krankenhausaufnahmen in dem genannten Zeitraum rückläufig ist. Entsprechend sehen sie auch keine Überlastung der Krankenhäuser. Auch einen Zusammenhang zwischen Wiedereröffnung von Kindertagesstätten und Schulen mit dem Infektionsverlauf können sie nicht nachweisen. Darüber hinaus betrachten sie die Teststrategie als kritisch und gehen bei einer niedrigen Prävalenz von einer Häufung falsch-positiver Testergebnisse aus. Entsprechend hinterfragen die beiden Mediziner auch die Sinnhaftigkeit der derzeitigen Teststrategie und der darauf aufbauenden Maßnahmen.

Weitere Mediziner, die das aktuelle Vorgehen kritisch sehen, haben sich unter dem Hashtag „#nichtmeinärztetag" zusammengeschlossen (220). Der Verein „Ärzte für individuelle Impfentscheidung" hat ebenfalls dazu aufgerufen, sich an der Aktion zu beteiligen. Sie wehren sich einen Beschluss des Deutschen Ärztetages von Anfang Mai 2021, demzufolge „*… das Recht auf Bildung (…) im Winter 2021/2022 nur mit einer rechtzeitigen Corona-Impfung gesichert werden (könne)"* (221).

Neben Wissenschaftlern und anderen Fachkräften aus dem Gesundheits- und Gesellschaftssektor spielen auch Juristen als Experten eine wichtige Rolle in Bezug auf gewaltlosen Widerstand gegen restriktive Auflagen der Regierung. Sie können die Allgemeinbevölkerung nicht direkt unterstützen, da Unbefangenheit und Neutralität aus gutem Grund die höchsten Gebote in der Rechtsprechung sind. Juristen können jedoch ihre Expertise an der Stelle einbringen, an der es um rechtliche Fragestellungen in Bezug auf die COVID-19 Erlasse geht – und darum, ob und wie diese mit der geltenden Gesetzeslage vereinbar sind. So hat ein Richter des

Landgerichts Berlin im Dezember 2020 eine Verfassungsbeschwerde beim Bundesverfassungsgericht erhoben gegen diverse COVID-19 Verordnungen (222). Er gibt in diesem Zuge unter anderem zu bedenken, dass die Maßnahmen in ihrer Wirksamkeit oft nicht hinreichend belegt seien und dass unter Verstoß gegen den Verhaltnismaßigkeitsgrundsatz massiv in eine Vielzahl von Grundrechten eingegriffen werde. Insgesamt plädiert er für eine Korrektur der Schärfe der Auflagen und dafür, *„… das angstgetriebene Handeln der Gesetz- und Verordnungsgeber durch ein besonnenes, tatsachen- und evidenzbasiertes Gestalten zu ersetzen"* (222 S. 12).

Zu einer vergleichbaren Schlussfolgerung kommt auch der pensionierte Richter Dr. Manfred Kölsch. Er betrachtet die COVID-19 Politik des Bundes und der Länder ebenfalls als Aushebelung des Grundgesetzes und wendet sich dazu in einer ausführlichen schriftlichen Begründung an Bundespräsidenten Frank-Walter Steinmeier (223). Kölsch gibt in diesem Zusammenhang sein Bundesverdienstkreuz zurück als Zeichen des Protests.

Juristen und Mediziner aus Israel kommen darüber hinaus zu dem Ergebnis, dass das aktuelle Vorgehen nicht nur Menschenrechte verletzt, sondern auch dem Nürnberger Ärztekodex widerspricht. Der Nürnberger Kodex wurde 1947 verabschiedet in Folge der unzulässigen und grausamen Menschenversuche durch Ärzte des Naziregimes in Deutschland. Er beinhaltet Regeln zum Umgang mit medizinischen Versuchen, die unter anderem die vollumfängliche Information der Versuchsteilnehmer beinhalten sowie deren Einwilligungsfähigkeit und Freiwilligkeit an der Teilnahme des Versuchs „... *unbeeinflußt durch Gewalt, Betrug, List, Druck, Vortäuschung oder irgendeine andere Form der Überredung oder des Zwanges ...*" (224). In Bezugnahme auf diesen Kodex haben nun eine Gruppe von Anwälten, Ärzten und Bürgern aus Israel Klage vor dem Internationalen Strafgerichtshof in Den Haag eingereicht, da sie darauf plädieren „... *keine experimentelle medizinische Behandlung (COVID-Impfstoff) zu erhalten und sich deswegen unter großem und schwerem illegalem Druck der israelischen Regierung fühlen ...*" (225), (226).

Ein weiteres Beispiel aus Deutschland gibt ein Richter am Amtsgericht Weimar, der mittels eines ausführlichen Beschlusses die Maskenpflicht, Abstandspflicht und Testpflicht an zwei Schulen aus Gründen des Kindeswohls aufhebt (227). Er wird dafür in der Öffentlichkeit scharf kritisiert und die Staatsanwaltschaft Erfurt lässt das Dienstzimmer, die Privatwohnung und das Auto dieses Richters medienwirksam durchsuchen – obwohl der gegen ihn erhobene Vorwurf der Rechtsbeugung in diesem Zusammenhang durchaus umstritten ist (228).

Umso wichtiger, dass sich auch im Kreis der Politiker Widerstand zeigt und diese ihre Bedenken offen adressieren. Eines der noch zu seltenen Beispiele hierfür gibt Hans-Jürgen Irmer als CDU-Abgeordneter und Mitglied des Deutschen Bundestages. Er wendet sich am 13. April 2021 schriftlich an die Mitglieder der CDU/CSU-Bundestagsfraktion und äußert seine Bedenken zu einer weiteren Verschärfung des neuen Infektionsschutzgesetzes. Diese Bedenken begründet er unter anderem über die fehlende Beteiligung des Parlamentes bei der Prüfung der Verhältnismäßigkeit der Verordnungen, die umfassenden Handlungsmöglichkeiten des Bundeskanzleramtes ohne jegliche Mitsprache des Bundestages, und den Eingriff in das föderale System sowie die kommunale Selbstverwaltung (229). Hans-Jürgen Irmer bezieht hierzu ganz klar öffentlich Stellung und gibt an, dass er bei der Schlussabstimmung zu dieser Gesetzesverschärfung mit nein stimmen werde.

Auch ein Referent des Bundesinnenministeriums übt harsche Kritik am Vorgehen der Bundesregierung und befragt Forscher und Ärzte nach ihren Einschätzungen zu den negativen Folgen der COVID-19 Maßnahmen. Da er hierfür den Briefkopf des Ministeriums verwendet, wird ihm die Ausübung der Dienstgeschäfte verboten – obwohl fachliche Experten seinen 83seitigen Bericht inhaltlich verteidigen (230).

Ergänzend zu Experten aus Disziplinen wie der Medizin, Wissenschaft, Jura oder Politik sind auch Personen des öffentlichen Lebens gefragt, den gewaltlosen Widerstand in der Allgemeinbevölkerung zu unterstützen. Sie können weniger ihr Fachwissen denn ihre Popularität nutzen, um den Kritikern Gehör zu verschaffen. In diesem Sinne ist auch die Aktion „#allesdichtmachen" zu verstehen, in deren Rahmen verschiedene Schauspieler über kurze Videobotschaften mit den Mitteln von Satire und Ironie Kritik üben an der „... *Corona-Politik, ihrer Kommunikation und dem öffentlichen Diskurs, der gerade geführt wird"* (231). Hierfür werden die Beteiligten auf massive Weise attackiert (232). Darüber hinaus fordert Rundfunkrats-Mitglied Garrelt Duin via Twitter die Entlassung zweier Schauspieler aus der Kriminalreihe „Tatort" (233). Dies führt dazu, dass einige Beteiligte ihre Videos wieder zurückziehen und sich von der Aktion distanzieren (234). Andere wenden sich jedoch bewusst erneut an die Öffentlichkeit und hinterfragen: „*Warum muss unsere ganze Gesellschaft in einer Art Kriegszustand sein?"* (235). Eine Frage, die durchaus berechtigt ist und im Wesentlichen den Kern dieses Buches widerspiegelt.

Über die in diesem Abschnitt angeführten Beispiele hinaus lassen sich noch weitere Initiativen des gewaltlosen Widerstands in der Zivilbevölkerung und auch von anderen Experten der genannten und weiterer Fachrichtungen sowie Personen des öffentlichen Lebens im Zusammenhang mit COVID-19 beobachten. Erschwert wird dieser Widerstand aktuell jedoch dadurch, dass er fast durchgehend keine Beachtung findet in der breiten Diskussion – oder wenn überhaupt, dort beinahe ausschließlich negativ beleuchtet wird. Im schlimmsten Fall kommt es sogar zu erheblichen Diffamierungen der Aktivisten bis hin zu Repressalien gegen diese, wie der Umgang mit der Aktion „#allesdichtmachen" exemplarisch zeigt. Daher sind auch Journalisten aufgefordert, eine umfassende Recherche in alle Richtungen durchzuführen und eine neutrale und breite Berichterstattung vorzunehmen – auch wenn sie sich hierdurch den gleichen Angriffen wie andere Kritiker ausgesetzt sehen (236). Einer der wenigen Journalisten Deutschlands, der sich fortlaufend kritisch mit der COVID-19 Politik auseinandersetzt und dies im Rahmen der Bundespressekonferenz regelmäßig hinterfragt, ist Boris Reitschuster (237). Auch er wird entsprechend attackiert, teils sogar von anderen Journalisten (238).

Ein weiteres positives Exempel für kritische Publikationen lässt sich dem Schweizer Blog gnueheudunge.ch entnehmen. Sie stellen am 01. April 2021 einen Artikel online, nachdem die Schweizer Supermarktkette Migros zukünftig geimpften Personen das Einkaufen verweigert und nur noch ungeimpften Menschen ohne Maske Zutritt gewährleisten wird (239). Dieser Beitrag ist bewusst als Aprilscherz veröffentlicht mit folgender Einlassung des Autors: *„Es war nicht meine Absicht, mit diesem Beitrag Stimmung gegen jemanden zu machen. Aber seit einem Jahr wird gegen Andersdenkende gehetzt – „Impf-*

gegner", „Corona-Leugner", „Verschwörungstheoreti-
ker", „Maßnahmen-Skeptiker" und viele weitere Kraft-
ausdrücke, welche die Runde machen. Genauso gut
könnte es auch andersrum sein, und dies ist mit obenste-
hendem Text bewusst überspitzt formuliert. Es wäre
wünschenswert, wenn wir auch in Zukunft Menschen
bleiben, die frei und ohne Diskriminierung entscheiden
können, an was sie glauben und wie sich ein jeder selbst
schützen möchte". Ein Aufruf, der auch für den Umgang mit Andersdenkenden in Deutschland und
anderen Ländern vollumfassend Gültigkeit hat.

Kapitel 3 – Fazit und Ausblick: eine neue FAIR-antwortung

Zum jetzigen Zeitpunkt lässt sich feststellen, dass der Umgang mit COVID-19 auf Seiten der Regierenden und Entscheidungsträger sowie auch der breiten Medienlandschaft vorwiegend einseitig erfolgt und hierbei die Wertvorstellung der Fürsorge, also die des vorgeblichen Gesundheitsschutzes, deutlich über die der Freiheit gestellt wird. Dieses Phänomen mündet somit in Zwang und Fremdbestimmung im Gegensatz zu Liberalität und Selbstbestimmung. Und es scheint nicht allein auf COVID-19 bezogen zu sein, sondern findet sich wiederholt auch in Bezug auf andere politisch und gesellschaftlich relevante Themen, wie vergleichsweise dem Umweltschutz oder der Digitalisierung. Hier legt der Umgang mit abweichenden Standpunkten ebenfalls nahe, dass keine breite und differenzierte Betrachtung unter Einbezug aller Sichtweisen erwünscht ist. Und auch in diesem Kontext werden Bürger mit einer kritischen Haltung häufig über die Anwendung der in Teil 1 dieses Buches geschilderten Kunstgriffe nach Arthur Schopenhauer ins Unrecht gesetzt, ohne dass sich mit ihrer Position eingehender befasst wird. Folglich scheint Corona nicht nur ein Virus beziehungsweise eine Erkrankung zu sein, sondern auch ein Symptom dafür, wie es um eine Gesellschaft bestellt ist. Grundwerte wie die der Diversität beziehen sich nicht nur auf Religion, Herkunft oder Geschlechteridentität.

Sie umfassen auch die freie Meinungsäußerung unter Einbeziehung verschiedener politischer oder gesellschaftlicher Auffassungen. Der derzeitige Umgang mit COVID-19 ist ein deutliches Warnsignal dafür, dass diese Form der Vielfalt und Meinungsfreiheit in Deutschland und vielen anderen Nationen zumindest in herausfordernden Situationen kaum wertgeschätzt wird und wenig Berücksichtigung in der breiten allgemeinen Debatte oder bei wichtigen Entscheidungsprozessen findet.

Doch warum ist es so wichtig, dass dies sich ändert? Einige Menschen würden vermutlich nach wie vor postulieren, dass es ihnen selbst und der Mehrheit der Bevölkerung gut gehe. Es herrscht kein offenkundiger Waffenkrieg, es leiden nur wenige an Armut und auch eine umfassende medizinische Versorgung ist grundsätzlich gewährleistet. Warum ist also dennoch eine Wachsamkeit geboten im Hinblick auf eben genannte Grundwerte wie die der Freiheit oder Vielfalt? Dies mag dem einen oder anderen übertrieben erscheinen in solch einer immer noch komfortablen Lage des Wohlstands. Daher halten viele ein Aufbegehren in der aktuellen Situation für nicht erforderlich. Doch wie stellte sich vergleichsweise die Lage für die Bürger in der ehemaligen DDR dar? Waren nicht auch hier über einige Jahrzehnte alle Grundbedürfnisse gesichert in Bezug auf Nahrung und medizinische Versorgung? Und war nicht auch die DDR ein sicherer Ort ohne Krieg oder andere extreme Gefahren? Dennoch ist klar, dass viele unter dem damaligen Regime gelitten haben. Und heute würden vermutlich die wenigsten dafür plädieren, wieder in ihrer freien Meinungsäußerung, freien Berufsausübung oder Reisefreiheit beschränkt werden zu wollen.

Jeder Mensch ist ein einzigartiges, selbstbestimmtes Wesen und muss unbedingt in der Lage sein, über die essenziellen Belange seines Lebens für sich allein entscheiden zu können. Darunter fällt – neben vielen anderen Dingen – wie und wo wir leben, wie wir uns ernähren und mit unserem Körper umgehen, welche Menschen wir treffen, welchen Beruf wir ausüben, wohin wir gehen beziehungsweise reisen und was wir denken und sagen dürfen. Eine Bevormundung des Staates in diesen und weiteren Belangen ist, wenn überhaupt, nur unter sehr eingeschränkten Bedingungen kurzfristig zulässig. Dies könnte beispielsweise die Abwendung großer Gefahr für die Gesamtbevölkerung sein. Ob solche eine Gefahrenlage im Zusammenhang mit COVID-19 in ausreichendem Umfang vorliegt, ist nach wie vor umstritten. Restriktive Maßnahmen bedürfen daher unbedingt einer sorgfältigen und breit debattierten Auseinandersetzung unter Einbeziehung aller Standpunkte. Und sie müssen einer ständigen Überprüfung unter fortlaufender Berücksichtigung neuer Erkenntnisse unterliegen.

Politiker haben in dieser Hinsicht eine große FAIRantwortung. Das bedeutet, sie haben ihre Entscheidungen nicht nur sorgfältig, sondern auch gerecht abzuwägen. Nur auf diese Weise können sie sicherstellen, dass keine Bevölkerungsteile benachteiligt werden – mögen diese auch noch so klein sein. Im Gegenteil: gerade gegenüber Minderheiten ist besondere Fairness geboten, da sie sich schwerlich gegenüber einer großen Masse durchsetzen können. Umso besonnener müssen Machthaber mit Dekreten und Verordnungen umgehen. Debatten hinter verschlossenen Türen, Ausgrenzungen verschiedener Perspektiven und fachlicher Positionen, Entscheidungen auf Basis limitierter Annahmen und auch die einseitige Information der Bevölkerung sind keine probaten Mittel einer fairen Regierungspolitik.

Politiker haben sich vielmehr als gewählte Vertreter des Volkes gegenüber allen Bürgern permanent zu erklären. Sie müssen zwingend Transparenz walten lassen dahingehend, welche Bestimmungen sie aus welchem Grund erlassen und welche Standpunkte und Erkenntnisse hierbei zur Erwägung kommen. Nur so demonstrieren sie die erforderliche FAIRantwortung im Umgang mit Freiheit, Vielfalt und anderen wichtigen Grundwerten. Dies alles lässt sich in Bezug auf COVID-19 und auch hinsichtlich anderer Themen größtenteils vermissen. Vielmehr zeigt sich im Kontext von COVID-19, dass trotz widersprüchlicher Datenlage die freiheitsbeschränkenden Maßnahmen des Lockdowns unbeirrt über lange Zeit aufrechterhalten werden.

Daher ist ein Aufbegehren der Bevölkerung unbedingt erforderlich als wichtiges Signal des Widerstands gegenüber den Machthabern. Wieso sollten diese ihr Verhalten ändern und FAIRantwortlich agieren, solange sie den Eindruck haben, dass die meisten mit ihren Beschlüssen einverstanden sind und nicht darunter leiden? Die in diesem vierten und letzten Buchteil beschriebenen Ansätze sind eine Möglichkeit, dass zurzeit vorherrschende Dilemma zwischen Fürsorge oder Freiheit aufzulösen und zu einem offenen Dialog unter Einbeziehung aller Sichtweisen zurückzukehren. Hierfür benötigt es den Mut jedes Einzelnen und voraussichtlich auch eine gewisse Geduld. Machthaber werden sich nicht von einem Moment auf den anderen davon überzeugen lassen, ihre Position aufzugeben und andere Perspektiven einzubeziehen. Es liegt vielmehr die Vermutung nahe, dass ein gewisses Aufbegehren auf Seiten der Bevölkerung zunächst mit noch stärkeren Repressalien des Staatsapparates einher geht. Gerade dies sollte jedoch Grund zur Hoffnung bei allen Kritikern geben und sie zum Weitermachen ermutigen. Um es frei nach dem US-Gewerkschaftler Nicholas Klein (1918) zu sagen: *„Zuerst ignorieren sie dich, dann lachen sie über dich, dann bekämpfen sie dich und dann gewinnst du"* (240). Dieses berühmte Zitat, das häufig auch Mahatma

Gandhi zugeschrieben wird, beschreibt einen typischen Veränderungsprozess (241). Dabei wird zunächst der Anlass zur Veränderung und diejenigen, die darauf hinweisen, ignoriert. In der zweiten Stufe erfolgt die Verneinung, das heißt, der Änderungsbedarf wird rigoros abgestritten. In der nächsten Phase wird aktiv Widerstand dagegen ausgeübt, was meist mit sehr negativen Emotionen einher geht, die gegebenenfalls auch entsprechende aggressive oder kontraproduktive Handlungen zur Folge haben. Und schlussendlich wird der Änderungsbedarf akzeptiert und es werden erste Schritte vorgenommen, um aktiv daran mitzuwirken.

Im Hinblick auf COVID-19 und den Umgang mit Maßnahmenkritikern scheinen sich die meisten Politiker und Entscheidungsträger aktuell zwischen der Phase der Verneinung und der des Widerstands zu befinden. Es ist also erforderlich, dass die Proteste aus der Bevölkerung weiter aufrechterhalten und sogar verstärkt werden, um die Regierenden in die nächste Stufe der Akzeptanz zu bewegen. Diesen Protesten sollten sich auch zurzeit noch unentschlossene oder zögerliche Bürger anschließen. Auf diese Weise kann der Widerstand nicht dauerhaft ignoriert beziehungsweise diffamiert werden und es wird zu einer gegenseitigen Annäherung unter Einbeziehung der verschiedenen Standpunkte kommen. Dies führt zu einer Rückbesinnung auf wichtige gesellschaftliche Werte wie die der Freiheit, Diversität und freien Meinungsäußerung. Nur hierüber kann es allen Beteiligten ermöglicht werden, das bestmögliche Resultat für sich selbst und die gesamte Bevölkerung zu erzielen. An vielen Stellen wird heute im Zusammenhang mit COVID-19 von der Ausrichtung hin zu einer „neuen Normalität" gesprochen. Gemeint ist hiermit vor allem im Kontext der Arbeitswelt, dass die derzeitige Situation als Chance genutzt werden kann für neue und flexible Arbeitsmodelle. Doch kann COVID-19 nicht auch Chance sein für eine neue Normalität in einem viel weitere Sinne? Wenn alle Beteiligten und vor allem die Machthaber sich von ihrer einseitigen Betrachtungsweise lösen und aufeinander zugehen, kann dies schlussendlich in einer anderen Gesellschaftsform münden. In dieser neuen Gesellschaft werden die Bedürfnisse aller Bevölkerungsteile berücksichtigt, welche sich gemeinsam auf eine freie Meinungsäußerung, eine höhere Form der Auseinandersetzung und ein faires Miteinander verständigt haben.

Nachklang (von Martin Zieburg)

Die Welt, in der wir leben, ist ein Spiegelbild unserer inneren Ordnung. Unser Leben selbstbestimmt zu führen ist nur möglich, wenn wir sowohl unserem innewohnenden Klang folgen als auch dem Ausdruck eines jeden anderen mit Wertschätzung und Interesse begegnen. Unser Blick sollte sich weiten hin zu einem Ganzen, das alle Wesen einbezieht in unser Fühlen und Denken.

Eine Gemeinschaft, die diese Offenheit und Freiheit als grundlegende Werte anerkennt, ist in der Lage, echte Solidarität miteinander zu erleben und somit eine starke Verbindung untereinander zu bilden. Auf diese Weise wird Evolution in eine höhere Stufe lebendig.

Danksagung

Ich danke meinem Partner Martin aus tiefstem Herzen. Ohne ihn wäre dieses Buch nicht entstanden.

Ich danke ihm für seinen Impuls zu diesem Buch, für seine Ideen und Inspirationen, und für seine tiefe Auseinandersetzung und Recherche. Er hat dieses Werk auf eine wunderbare Art bereichert.

Und ich danke ihm für seinen stets wachen Geist, seine kritischen Worte, seine fortwährende Unterstützung und seine liebevolle Ermutigung. Damit hat er mir viel Kraft gegeben.

Danke.

Literaturverzeichnis

1. Haidt, Jonathan. *The Righteous Mind: Why Good People are Divided By Politics and Religion.* New York : Pantheon Books, 2012. ISBN: 978-0141039169.

2. Moral Foundations. [Online] 10 2019. [Zitat vom: 11. 04 2021.] https://moralfoundations.org.

3. IKUD. [Online] [Zitat vom: 11. 04 2021.] https://www.ikud.de/glossar/werte-und-kultur-definition-werte-normen.html.

4. Deutscher Bundestag - Parlament. [Online] [Zitat vom: 11. 04 2021.] https://www.bundestag.de/parlament/aufgaben/rechtsgrundlagen/grundgesetz/gg_01-245122.

5. Charta der Vielfalt. [Online] [Zitat vom: 11. 04 2021.] https://www.charta-der-vielfalt.de.

6. Schopenhauer, Arthur. *Die Kunst, Recht zu behalten.* Hamburg : Nikol, 2009. ISBN: 978-3868200270.

7. Fromm, Erich. *Haben oder Sein - Die seelischen Grundlagen einer neuen Gesellschaft.* München : dtv, 1976. ISBN: 978-3423342346.

8. BMI Bund - Strategiepapier. [Online] [Zitat vom: 11. 04 2021.] https://www.bmi.bund.de/SharedDocs/downloads/DE/veroeffentlichungen/2020/corona/szenarienpapier-covid19.pdf;jsessionid=CEA4AB79644AEAF33DE0D0DD69CDABDA.2_cid364?__blob=publicationFile&v=6.

9. Gellermann, Uli. Rationalgalerie. [Online] 31. 08 2020. [Zitat vom: 28. 05 2021.]

https://www.rationalgalerie.de/home/die-reichstags-sturm-inszenierung.

10. JFK Lancer. [Online] 01. 04 1967. [Zitat vom: 28. 05 2021.] http://www.jfklancer.com/CIA.html.

11. Ärzteblatt. [Online] 15. 12 2020. [Zitat vom: 11. 04 2021.] https://www.aerzteblatt.de/nachrichten/119385/Merkel-betrachtet-Verschwoerungstheorien-als-Angriff-auf-die-Gesellschaft.

12. Götz, Sören und Stephanowitz, Johann. Zeit online. [Online] 20. 04 2020. [Zitat vom: 11. 04 2021.] https://www.zeit.de/politik/deutschland/2020-04/angela-merkel-lockerungen-corona-beschraenkungen-kritik-oeffnungsdiskussion?utm_referrer=https%3A%2F%2Fwww.google.com.

13. Wiesendanger, Roland. Studie zum Ursprung der Coronavirus-Pandemie. *ResearchGate*. DOI: 10.13140/RG.2.2.31754.80323, 2021.

14. Carl, Stephen. Zenodo. [Online] 29. 01 2021. [Zitat vom: 24. 05 2021.] https://zenodo.org/record/4477081#.YKvC8y-22CQ.

15. Kurier. [Online] 14. 01 2021. [Zitat vom: 24. 05 2021.] https://kurier.at/wissen/wissenschaft/innsbrucker-mikrobiologin-befeuert-verschwoerungtheorie-coronavirus-aus-labor-entwichen/401155779.

16. Kiehl, Wolfgang. RKI - Fachwörterbuch Infektionsschutz. [Online] 2015. [Zitat vom: 11. 04 2021.] https://www.rki.de/DE/Content/Service/Publikationen/Fachwoerterbuch_Infektionsschutz.pdf?__blob=publicationFile.

17. Gesund Bund. [Online] [Zitat vom: 11. 04 2021.] https://gesund.bund.de/covid-19?pk_campaign=ghp.

18. RKI - Epidemiologischer Steckbrief. [Online] 19. 04 2021. [Zitat vom: 25. 05 2021.] https://www.rki.de/DE/Content/InfAZ/N/Neuartig es_Coronavirus/Steckbrief.html;jsessionid=B331469AA B67E8051147D6C4DE3D23E4.internet082?nn=13490888 #doc13776792bodyText6.

19. Ärzteblatt - PCR Test Ergebnisse interpretieren. [Online] 12. 06 2020. [Zitat vom: 11. 04 2021.] https://www.aerzteblatt.de/archiv/214370/PCR-Tests-auf-SARS-CoV-2-Ergebnisse-richtig-interpretieren.

20. Ärtzeblatt - PCR Test Sensitivität. [Online] 30. 11 2020. [Zitat vom: 11. 04 2021.] https://www.aerzteblatt.de/nachrichten/118870/PCR-Test-auf-SARS-CoV-2-zeigt-hohe-klinisch-diagnostische-Sensitivitaet-von-nahezu-100-Prozent.

21. Quarks. [Online] 16. 10 2020. [Zitat vom: 11. 04 2021.] https://www.quarks.de/gesundheit/medizin/corona-test-wie-funktioniert-der-test/.

22. Bergner, Annina. Deutsche Apotheker Zeitung. [Online] 22. 10 2020. [Zitat vom: 11. 04 2021.] https://www.deutsche-apotheker-zeitung.de/news/artikel/2020/10/22/ct-wert-als-mass-fuer-die-infektiositaet.

23. Bullard, Jared, et al. Predicting Infectious Severe Acute Respiratory Syndrome Coronavirus 2 From Diagnostic Samples. *Clinical Infectious Diseases*. DOI:

10.1093/cid/ciaa638, 15. 11 2020, Bd. Volume 71, Issue 10, S. 2663–2666.

24. WHO Information Notice for IVD Users 2020/05. [Online] 20. 01 2021. [Zitat vom: 10. 05 2021.] https://www.who.int/news/item/20-01-2021-who-information-notice-for-ivd-users-2020-05.

25. Kucirka, Lauren M., Lauer, Stephen A. und Laeyendecker, Oliver et al. Variation in False-Negative Rate of Reverse Transcriptase Polymerase Chain Reaction–Based SARS-CoV-2 Tests by Time Since Exposure. *Annals of Internal Medicine.* DOI: 10.7326/M20-1495, 18. 08 2020.

26. Borger, Pieter, Malhotra, Bobby R. und Yeadon, Michael et al. External peer review of the RTPCR test to detect SARS-CoV-2 reveals 10 major scientific flaws at the molecular and methodological level: consequences for false positive results. *Eurosurveillance.* https://cormandrostenreview.com/report/, 27. 11 2020.

27. Reitschuster, Boris. reitschuster.de. [Online] 25. 03 2021. [Zitat vom: 10. 05 2021.] https://reitschuster.de/post/schweigespirale-bei-pcr-tests-regierung-verweigert-zum-7-mal-antwort/.

28. Verwaltungsgericht Wien. [Online] 24. 03 2021. [Zitat vom: 10. 05 2021.] http://www.verwaltungsgericht.wien.gv.at/Content.Node/rechtsprechung/103-048-3227-2021.pdf.

29. Lebensmittelverband Deutschland. [Online] 2016. [Zitat vom: 10. 05 2021.] http://www.verwaltungsgericht.wien.gv.at/Content.Node/rechtsprechung/103-048-3227-2021.pdf.

30. Corona-Schnelltest-Ergebnisse verstehen. [Online] 24. 02 2021. [Zitat vom: 10. 05 2021.] https://www.muehlenkreiskliniken.de/fileadmin/user_upload/muehlenkreiskliniken/pressemeldungen/2021/Q1/Infografik_Antigentest_PDF.pdf.

31. BR24 Wissen. [Online] 22. 12 2020. [Zitat vom: 10. 05 2021.] https://www.br.de/nachrichten/wissen/corona-schnelltests-wie-sinnvoll-sie-sind,SHd1ZZa.

32. Leuker, Christina, Lein, Ines und Antao, Esther-Maria et al. Ärztezeitung. [Online] 17. 11 2020. [Zitat vom: 10. 05 2021.] https://www.aerztezeitung.de/Wirtschaft/Corona-Schnelltests-die-Praevalenz-machts-414743.html.

33. Merlot, Julia. Spiegel Wissenschaft. [Online] 04. 04 2020. [Zitat vom: 10. 05 2021.] https://www.spiegel.de/wissenschaft/medizin/corona-wie-viele-tests-sind-negativ-a-130acc46-b203-4c2d-845e-0594d1dbf87a.

34. SR.de. [Online] 04. 05 2021. [Zitat vom: 24. 05 2021.] https://www.sr.de/sr/home/nachrichten/politik_wirtschaft/geimpfte_von_testpflicht_ausgenommen_100.html#.

35. Ganswindt, Till. MDR Panorama. [Online] 23. 12 2020. [Zitat vom: 24. 05 2021.] https://www.mdr.de/nachrichten/deutschland/panorama/sieben-tage-inzidenz-kleine-orte-schwaechen-100.html.

36. Focus online. [Online] 23. 03 2021. [Zitat vom: 10. 05 2021.] https://www.focus.de/gesundheit/news/keine-rueckschluesse-auf-pandemiegeschehen-inzidenz-bei-

18-statt-78-mathe-student-wirft-rki-vor-dass-es-werte-falsch-berechnet_id_13094615.html.

37. Rydlink, Katherine. Spiegel Wissenschaft. [Online] 11. 11 2020. [Zitat vom: 24. 05 2021.] https://www.spiegel.de/wissenschaft/medizin/coron avirus-massnahmen-wie-aussagekraeftig-ist-der-inzidenzwert-a-ced04d3c-6b39-46c9-882b-8e77cbee3a69.

38. Arnzei Telegramm. [Online] 18. 06 2010. [Zitat vom: 10. 05 2021.] https://www.arznei-telegramm.de/html/2010_06/1006059_01.html.

39. ZDF heute. [Online] 10. 06 2021. [Zitat vom: 11. 06 2021.] https://www.zdf.de/nachrichten/politik/corona-bundesrechnungshof-spahn-verschwendung-100.html.

40. Ärzteblatt. [Online] 28. 08 2020. [Zitat vom: 10. 05 2021.] https://www.aerzteblatt.de/nachrichten/116050/WH O-Herdenimmunitaet-bei-Coronavirus-nur-durch-Impfung-sicher.

41. WHO Coronavirus disease (COVID-19): Serology. [Online] 09. 06 2020. [Zitat vom: 10. 05 2021.] https://web.archive.org/web/20201112125455/https:/ www.who.int/news-room/q-a-detail/coronavirus-disease-covid-19-serology.

42. WHO COVID-19: Serology, antibodies and immunity. [Online] 13. 11 2020. [Zitat vom: 10. 05 2021.] https://web.archive.org/web/20201114155259/https:/ www.who.int/news-room/q-a-detail/coronavirus-disease-covid-19-serology.

43. RKI Fallzahlen und Meldungen. [Online] 06. 05 2021. [Zitat vom: 10. 05 2021.]

https://www.rki.de/SharedDocs/FAQ/NCOV2019/F
AQ_Liste_Fallzahlen_Meldungen.html.

44. Streeck, Hendrik, Schulte, Bianca und Kümmerer,
Beate M. et al. Infection fatality rate of SARS-CoV2 in a
super-spreading event in Germany. *Nature
Communications*. DOI: 10.1038/s41467-020-19509-y, 2020,
Bd. 11, 5829.

45. Luther, Carsten. Zeit online. [Online] 02. 07 2020.
[Zitat vom: 10. 05 2021.]
https://www.zeit.de/wissen/gesundheit/2020-
07/heinsberg-studie-hendrick-streeck-betrug-vorwurf-
strafanzeige-wissenschaft.

46. Aachener Zeitung. [Online] 03. 07 2020. [Zitat vom:
03. 06 2021.] https://www.aachener-zeitung.de/nrw-
region/staatsanwaltschaft-wird-nicht-gegen-virologe-
streeck-ermitteln_aid-52001663.

47. Heudorf, Ursel und Gottschalk, René. Die Covid-19-
Pandemie in Frankfurt am Main: Was sagen die Daten?
Hessisches Ärzteblatt.
https://www.laekh.de/heftarchiv/ausgabe/artikel/20
20/oktober-2020/die-COVID-19-pandemie-in-
frankfurt-am-main-was-sagen-die-daten, 25. 09 2020, 10.

48. Frankfurter Neue Presse. [Online] 07. 10 2020. [Zitat
vom: 10. 05 2021.]
https://www.fnp.de/frankfurt/frankfurt-corona-
coronavirus-gesundheitsamt-gottschalk-nehmen-covid-
19-als-ernste-situation-wahr-90062731.html.

49. Dambeck, Holger und Baumann, Sophia. Spiegel
Wissenschaft. [Online] 29. 01 2021. [Zitat vom: 24. 05
2021.]
https://www.spiegel.de/wissenschaft/mensch/corona

-jahr-2020-keine-deutliche-uebersterblichkeit-in-
deutschland-a-e4524a2e-cc59-44ff-b63a-86ed8bbcf81d.

50. Ärzteblatt. [Online] 20. 08 2020. [Zitat vom: 10. 05
2021.]
https://www.aerzteblatt.de/nachrichten/115799/COV
ID-19-bei-Mehrzahl-der-Betroffenen-auch-die-
Todesursache.

51. Ärztezeitung. [Online] 22. 04 2020. [Zitat vom: 10. 05
2021.]
https://www.aerztezeitung.de/Nachrichten/Obduzier
te-Corona-Patienten-hatten-alle-Vorerkrankungen-
408816.html.

52. Bundesverband Deutscher Pathologen e.V. [Online]
18. 08 2020. [Zitat vom: 10. 05 2021.]
https://www.pathologie.de/?eID=downloadtool&uid=
2020.

53. Dittrich, Adrian. BR24. [Online] 11. 12 2020. [Zitat
vom: 04. 06 2021.]
https://www.br.de/nachrichten/wissen/corona-
sterben-mehr-menschen-wegen-corona,SIn1zz1.

54. Janson, Matthias. Statista. [Online] 25. 03 2021. [Zitat
vom: 10. 05 2021.]
https://de.statista.com/infografik/23756/gesamtzahl-
der-todesfaelle-im-zusammenhang-mit-dem-
coronavirus-in-deutschland-nach-alter/.

55. Welt. [Online] 19. 12 2020. [Zitat vom: 10. 05 2021.]
https://www.welt.de/regionales/hamburg/article2228
55518/Rechtsmediziner-Corona-Tote-wurden-im-
Schnitt-82-Jahre-alt.html.

56. Destatis - Statistisches Bundesamt. [Online] 04. 05
2021. [Zitat vom: 10. 05 2021.]

https://www.destatis.de/DE/Themen/Gesellschaft-Umwelt/Bevoelkerung/Sterbefaelle-Lebenserwartung/_inhalt.html.

57. Bickelmann, Jonas, Brandhofer, Benedikt und Drößiger, Jens et al. Der Tagesspiegel. [Online] 03. 06 2020. [Zitat vom: 10. 05 2021.] https://interaktiv.tagesspiegel.de/lab/corona-im-vergleich-zu-anderen-todesursachen-woran-wir-sterben/.

58. RKI COVID-19 Fallzahlen. [Online] 02 2021. [Zitat vom: 10. 05 2021.] https://www.rki.de/DE/Content/InfAZ/N/Neuartiges_Coronavirus/Fallzahlen.html.

59. Statistisches Bundesamt. [Online] 01. 06 2021. [Zitat vom: 04. 06 2021.] https://www.destatis.de/DE/Themen/Gesellschaft-Umwelt/Bevoelkerung/Sterbefaelle-Lebenserwartung/sterbefallzahlen.html.

60. Freund, Alexander. Deutsche Welle. [Online] 22. 04 2020. [Zitat vom: 10. 05 2021.] https://www.dw.com/de/coronavirus-chloroquin-studie-wegen-todesfällen-in-brasilien-abgebrochen/a-53129832.

61. Richardson, Safiya, Hirsch, Jamie S. und Narasimhan, Mangala et al. Presenting Characteristics, Comorbidities, and Outcomes Among 5700 Patients Hospitalized With COVID-19 in the New York City Area. *Journal of the American Medical Association.* DOI: 10.1001/jama.2020.6775, 26. 05 2020, Bd. 323, 20, S. 2052-2059.

62. Schneider, Corinna. Focus online. [Online] 23. 12 2020. [Zitat vom: 10. 05 2021.] https://www.focus.de/gesundheit/news/bis-zu-50-prozent-sterben-daran-lungenarzt-fruehe-kuenstliche-beatmung-ist-groesster-fehler-im-kampf-gegen-corona_id_12787476.html.

63. Dowideit, Anette. Welt. [Online] 07. 02 2021. [Zitat vom: 10. 05 2021.] https://www.welt.de/politik/deutschland/article2258 64597/Interner-E-Mail-Verkehr-Innenministerium-spannte-Wissenschaftler-ein.html.

64. Jefferson, Tom, Del Mar, Chris B. und Dooley, Liz et al. Physical interventions to interrupt or reduce the spread of respiratory viruses. *Cochrane Database of Systematic Reviews.* DOI: 10.1002/14651858.CD006207.pub5, 20. 11 2020, Bd. 11.

65. MacIntyrea, C. Raina und Chughtai, Abrar Ahmad. A rapid systematic review of the efficacy of face masks and respirators against coronaviruses and other respiratory transmissible viruses for the community, healthcare workers and sick patients. *International Journal of Nursing Studies.* DOI: 10.1016/j.ijnurstu.2020.103629, 08 2020, Bd. 108.

66. Bundgaard, Henning, Bundgaard, Johan S. und Raaschou-Pedersen, Daniel E. T. et. al. Effectiveness of Adding a Mask Recommendation to Other Public Health Measures to Prevent SARS-CoV-2 Infection in Danish Mask Wearers. *Annals of Internal Medicine.* DOI: 10.7326/M20-6817, 03 2021.

67. Empfehlungen des BfArM. [Online] [Zitat vom: 10. 05 2021.] https://www.bfarm.de/SharedDocs/Risikoinformatio

nen/Medizinprodukte/DE/schutzmasken.html;jsessio
nid=D37577860110ED4B77BA240B7D31E4B3.2_cid329#
Partikelfiltrierende_Halbmasken_(FFP-Masken).

68. DGUV Deutsche Gesetzliche Unfallversicherung.
[Online] 19. 01 2021. [Zitat vom: 10. 05 2021.]
https://www.dguv.de/de/mediencenter/pm/pressear
chiv/2021/quartal_1/details_1_418252.jsp.

69. Weinmann, Lea. Correctiv. [Online] 19. 08 2020.
[Zitat vom: 10. 05 2021.]
https://correctiv.org/faktencheck/medizin-und-
gesundheit/2020/08/19/die-angebliche-
gesundheitsgefahr-durch-masken-was-ist-an-den-
behauptungen-dran/.

70. Fikenzer, Sven, Uhe, T. und Lavall, D. et al. Effects of
surgical and FFP2/N95 face masks on cardiopulmonary
exercise capacity. *Clinical Research in Cardiology.* DOI:
10.1007/s00392-020-01704-y, 06. 07 2020, Bd. 109, S.
1522-1530.

71. Universitätsklinikum Leipzig. [Online] 20. 07 2020.
[Zitat vom: 10. 05 2021.] https://www.uniklinikum-
leipzig.de/presse/Seiten/Pressemitteilung_7089.aspx.

72. Kovesi, Thomas, Gilbert, Nicholas L. und Stocco,
Corinne et al. Indoor air quality and the risk of lower
respiratory tract infections in young Canadian Inuit
children. *Canadian Medical Association Journal.* DOI:
10.1503/cmaj.061574, 17. 07 2007, Bd. 177, 2, S. 155-160.

73. Janzen, Eugen. YouTube. [Online] 13. 12 2020. [Zitat
vom: 10. 05 2021.]
https://www.youtube.com/watch?v=a3HMzKTg0A4.

74. Hirte, Martin und Rabe, Steffen. Der Rabendoktor.
[Online] 04. 09 2020. [Zitat vom: 10. 05 2021.]

https://der-
rabendoktor.de/pdfs/Wider%20die%20Maskenpflicht.
pdf.

75. Roberge, Raymond. Facemask Use by Children
During Infectious Disease Outbreaks. *Biosecurity and
Bioterrorism: Biodefense Strategy, Practice, and Science.*
DOI: 10.1089/bsp.2011.0009, 01. 09 2011, Bd. 9, 3, S. 225-
231.

76. Duden Solidarität. [Online] 2021. [Zitat vom: 13. 05
2021.]
https://www.duden.de/rechtschreibung/Solidaritaet.

77. Willis, Adam. Grand Forks Herald. [Online] 04. 01
2021. [Zitat vom: 10. 05 2021.]
https://www.grandforksherald.com/newsmd/corona
virus/6824462-North-Dakota-got-a-mask-mandate-
South-Dakota-didnt.-COVID-19-cases-have-
plummeted-in-both.

78. Neurologen und Psychiater im Netz. [Online] 01. 04
2020. [Zitat vom: 10. 05 2021.]
https://www.neurologen-und-psychiater-im-
netz.org/psychiatrie-psychosomatik-
psychotherapie/news-
archiv/meldungen/article/anspannung-und-
aggression-die-coronakrise-belastet-die-psyche/.

79. Kreutz, Kerstin und Verhoff, Marcel A.
*Gesichtserkennung oder der etwas andere Sinn des
Menschen.* s.l. : Universität Giessen, 2004.
http://geb.uni-
giessen.de/geb/volltexte/2004/1879/pdf/KreutzVerho
ff-gu37-2004.pdf.

80. Rydlink, Katherine. Spiegel Psychologie. [Online] 15. 04 2020. [Zitat vom: 10. 05 2021.] https://www.spiegel.de/psychologie/coronavirus-auswirkungen-des-corona-lockdowns-auf-die-psyche-a-2ba964d0-1538-45a9-ba88-c7581c924674.

81. Ravens-Sieberer, Ulrike, Kaman, Anne und Erhart, Michael et al. Impact of the COVID-19 pandemic on quality of life and mental health in children and adolescents in Germany. *European Child & Adolescent Psychiatry.* DOI: 10.1007/s00787-021-01726-5, 25. 01 2021.

82. tagesschau.de. [Online] 26. 12 2020. [Zitat vom: 13. 05 2021.] https://www.tagesschau.de/inland/coronakrise-gewalt-101.html.

83. Forum Verlag. [Online] 12. 08 2020. [Zitat vom: 13. 05 2021.] https://www.forum-verlag.com/blog-bes/homeschooling.

84. Destatis - Statistisches Bundesamt. [Online] [Zitat vom: 13. 05 2021.] https://www.destatis.de/DE/Themen/Querschnitt/C orona/Wirtschaft/kontextinformationen-wirtschaft.html#BIP.

85. Destatis - Statistisches Bundesamt. [Online] [Zitat vom: 13. 05 2021.] https://www.destatis.de/DE/Themen/Querschnitt/C orona/Wirtschaft/kontextinformationen-wirtschaft.html#arbeitsmarkt.

86. tagesschau.de. [Online] 18. 02 2021. [Zitat vom: 13. 05 2021.]

https://www.tagesschau.de/wirtschaft/konjunktur/jede-dritte-firma-zur-kurzarbeit-gezwungen-101.html.

87. Destatis - Statistisches Bundesamt. [Online] [Zitat vom: 13. 05 2021.] https://www.destatis.de/DE/Themen/Querschnitt/Corona/Wirtschaft/kontextinformationen-wirtschaft.html#industrie.

88. tagesschau.de. [Online] 19. 02 2021. [Zitat vom: 13. 05 2021.] https://www.tagesschau.de/wirtschaft/konjunktur/rekordeinbussen-im-deutschen-gastgewerbe-101.html.

89. tagesschau.de. [Online] 04. 02 2021. [Zitat vom: 13. 05 2021.] https://www.tagesschau.de/ausland/europa/who-krebserkrankungen-101.html.

90. Maringe, Camille, Spicer, James und Morris, Melanie et al. The impact of the COVID-19 pandemic on cancer deaths due to delays in diagnosis in England, UK: a national, population-based, modelling study. *The Lancet Oncology.* DOI: 10.1016/S1470-2045(20)30388-0, 01. 08 2020, Bd. 21, 8, S. 1023-1034.

91. Statista. [Online] 12. 05 2021. [Zitat vom: 13. 05 2021.] https://de.statista.com/statistik/daten/studie/1100739/umfrage/entwicklung-der-taeglichen-fallzahl-des-coronavirus-in-deutschland/.

92. Das Erste - Brisant. [Online] 21. 02 2021. [Zitat vom: 13. 05 2021.] https://www.mdr.de/brisant/corona-zahlen-anstieg-dritte-welle-trotz-lockdown-100.html.

93. Schneider, Claudia. netdoktor.at. [Online] 18. 02 2021. [Zitat vom: 13. 05 2021.]

https://www.netdoktor.at/news/corona-mutation-b117-forschung-10562608.

94. NDR. [Online] 18. 01 2021. [Zitat vom: 04. 06 2021.] https://www.ndr.de/ratgeber/gesundheit/Wie-gefaehrlich-ist-die-britische-Coronavirus-Mutation-,corona6374.html.

95. BR24. [Online] 10. 03 2021. [Zitat vom: 13. 05 2021.] https://www.br.de/nachrichten/deutschland-welt/masken-affaere-was-sie-darueber-wissen-muessen,SRFArwk.

96. tagesschau.de. [Online] 17. 03 2021. [Zitat vom: 13. 05 2021.] https://www.tagesschau.de/investigativ/ndr-wdr/masken-aktion-gutscheine-101.html.

97. tagesschau.de. [Online] 28. 08 2020. [Zitat vom: 13. 05 2021.] https://www.tagesschau.de/inland/corona-demo-berlin-121.html.

98. Möller, Burkhard. Gießener Allgemeine. [Online] 16. 04 2020. [Zitat vom: 13. 05 2021.] https://www.giessener-allgemeine.de/giessen/bundesverfassungsgericht-kein-generelles-demonstrationsverbot-corona-giessen-13653925.html.

99. Menzel, Jan. RBB24. [Online] 02. 05 2021. [Zitat vom: 13. 05 2021.] https://www.rbb24.de/politik/beitrag/2021/05/1-mai-analyse-tag-der-arbeit-corona-polizeieinsatz-protest.html.

100. Mittelbayerische. [Online] 28. 12 2020. [Zitat vom: 13. 05 2021.] https://www.mittelbayerische.de/region/schwandorf-

nachrichten/demo-polizei-kassiert-masken-atteste-21416-art1968409.html.

101. Augsburger Allgemeine. [Online] 18. 11 2020. [Zitat vom: 13. 05 2021.] https://www.augsburger-allgemeine.de/politik/Infektionsschutzgesetz-Polizei-loest-Corona-Demo-in-Berlin-auf-mehr-als-100-Festnahmen-id58560796.html.

102. RBB24. [Online] 18. 11 2020. [Zitat vom: 13. 05 2021.] https://www.rbb24.de/politik/thema/2020/coronavirus/beitraege_neu/2020/11/demonstrationen-corona-gegner-bundestag-infektionsschutzgesetz.html.

103. Konnerth, Thomas, Boden, Cindy und Naumann, Florian. Merkur.de. [Online] 21. 11 2020. [Zitat vom: 13. 05 2021.] https://www.merkur.de/politik/corona-berlin-demo-infektionsschutzgesetz-merkel-spahn-bundestag-deutschland-eskalation-zr-90103034.html.

104. tagesschau.de. [Online] 31. 08 2020. [Zitat vom: 13. 05 2021.] https://www.tagesschau.de/inland/corona-demos-polizei-gewalt-anzeige-101.html.

105. Youtube - Focus online. [Online] 30. 08 2020. [Zitat vom: 13. 05 2021.] https://www.youtube.com/watch?v=HxfmFbvYldI.

106. Lippe, Theresa, Kesselgruber, Kerstin und Dicke, Tim V. et al. Frankfurter Neue Presse. [Online] 17. 11 2020. [Zitat vom: 13. 05 2021.] https://www.fnp.de/frankfurt/corona-demo-frankfurt-samstag-querdenken-69-ordnungsamt-polizei-maskenpflicht-angrif-zr-90099883.html.

107. Schmalz, Alexander und Debionne, Philippe. Berliner Zeitung. [Online] 26. 11 2020. [Zitat vom: 13. 05

2021.] https://www.berliner-zeitung.de/news/corona-demo-rabiater-einsatz-der-polizei-sorgt-fuer-diskussionen-li.121700.

108. Reitschuster, Boris. reitschuster.de. [Online] 22. 04 2021. [Zitat vom: 13. 05 2021.]
https://reitschuster.de/post/mit-faeusten-gegen-die-demokratie-so-brutal-geht-berlins-polizei-gegen-demonstranten-vor/.

109. Hessenschau. [Online] 21. 03 2021. [Zitat vom: 13. 05 2021.]
https://www.hessenschau.de/gesellschaft/fragwuerdiger-polizeieinsatz-bei-querdenker-demo-in-kassel,kassel-demo-reax-100.html.

110. Heimbach, Tobias. Businessinsider. [Online] 21. 11 2020. [Zitat vom: 13. 05 2021.]
https://www.businessinsider.de/politik/deutschland/schwere-kritik-von-bundestags-vize-claudia-roth-abgeordnete-im-reichstag-halten-sich-selbst-nicht-an-quarantaene-regeln-b/.

111. Ärzteblatt. [Online] 17. 09 2020. [Zitat vom: 13. 05 2021.]
https://www.aerzteblatt.de/nachrichten/116577/Kein-Bussgeld-fuer-Spahn-und-Bouffier-nach-umstrittener-Aufzugsfahrt.

112. Bild. [Online] 12. 12 2020. [Zitat vom: 13. 05 2021.]
https://www.bild.de/bild-plus/regional/muenchen/muenchen-aktuell/corona-eklat-im-landtag-csu-politiker-ohne-mundschutz-in-kantine-74421286.bild.html.

113. Focus online. [Online] 04 2021. [Zitat vom: 13. 05 2021.]

https://www.focus.de/politik/deutschland/aenderun
g-des-infektionsschutzgesetzes-bei-abstimmung-
szenen-aus-dem-bundestag-sorgen-fuer-
verwunderung_id_13216404.html.

114. Apfel, Petra. Focus online. [Online] 17. 03 2021.
[Zitat vom: 24. 05 2021.]
https://www.focus.de/gesundheit/news/klaus-
stoehr-virologe-kritisiert-corona-entscheider-regierung-
stuetzt-sich-auf-falsches-berater-
konzept_id_13082092.html.

115. SWR2. [Online] 13. 11 2020. [Zitat vom: 24. 05 2021.]
https://www.swr.de/swr2/leben-und-
gesellschaft/epidemiologe-klaus-stoehr-zur-corona-
pandemie-als-naturereignis-nicht-zu-stoppen-100.html.

116. Radio München. [Online] 28. 11 2020. [Zitat vom:
13. 05 2021.]
https://www.radiomuenchen.net/podcast-
archiv/radiomuenchen-themen/2013-04-04-17-32-
41/1880-update-mrna-impfung-wo-sind-die-validen-
studien.html.

117. Reiss, Karina und Bhakdi, Sucharit. *Corona
Fehlalarm? - Zahlen, Daten und Hintergründe.* Berlin :
Goldegg Verlag, 2020. ISBN: 978-3990601914.

118. Bhakdi, Sucharit. Swiss Policy Research. [Online]
26. 03 2020. [Zitat vom: 13. 05 2021.]
https://swprs.org/offener-brief-von-professor-
sucharit-bhakdi-an-bundeskanzlerin-dr-angela-
merkel/.

119. Schmid, Harald et al. IRP CDN. [Online] 27. 03
2020. [Zitat vom: 13. 05 2021.] https://irp-

cdn.multiscreensite.com/c2920ca5/files/uploaded/Off
ener%20Brief%20Harald%20Schmid.pdf.

120. Schmerer, Kai. ZDNet. [Online] 28. 11 2020. [Zitat
vom: 13. 05 2021.]
https://www.zdnet.de/88390137/covid-19-youtube-
sperrt-zahlreiche-videos-und-konten-von-
regierungskritikern/.

121. Zinkant, Kathrin. sueddeutsche.de. [Online] 25. 09
2020. [Zitat vom: 13. 05 2021.]
https://www.sueddeutsche.de/wissen/drosten-
bundesverdienstkreuz-wissenschaft-1.5045229.

122. Bild. [Online] 16. 03 2020. [Zitat vom: 13. 05 2021.]
https://www.bild.de/politik/inland/politik-
inland/coronavirus-christian-drosten-wer-ist-da-
eigentlich-69418938.bild.html.

123. tagesschau.de. [Online] 14. 01 2021. [Zitat vom: 13.
05 2021.]
https://www.tagesschau.de/faktenfinder/corona-
zahlen-rechnung-101.html.

124. Letizia, Andrew G., Ramos, Irene und Obla, Ajay et
al. SARS-CoV-2 Transmission among Marine Recruits
during Quarantine. *The New England Journal of Medicine.*
DOI: 10.1056/NEJMoa2029717, 11. 11 2020, Bd. 383, S.
2407-2416.

125. NPR. [Online] 18. 02 2021. [Zitat vom: 24. 05 2021.]
https://www.npr.org/2021/02/18/968921902/pande
mic-approaches-the-differences-between-florida-
california?t=1621782774363.

126. Johns Hopkins. [Online] 2021. [Zitat vom: 24. 05
2021.] https://coronavirus.jhu.edu/data/mortality.

127. Atkeson, Andrew, Kopecky, Karen und Zha, Tao. National Bureau of Economic Research. [Online] 08 2020. [Zitat vom: 13. 05 2021.] https://www.nber.org/system/files/working_papers/w27719/w27719.pdf.

128. Kulldorff, Martin, Gupta, Sunetra und Bhattahcharya, Jay. Great Barrington Declaration. [Online] 04. 10 2020. [Zitat vom: 13. 05 2021.] https://gbdeclaration.org.

129. Das Erste - Mediathek. [Online] 30. 11 2020. [Zitat vom: 13. 05 2021.] https://www.ardmediathek.de/video/hart-aber-fair/operation-impfung-ist-sie-gut-ist-sie-sicher-wer-bekommt-sie-wann/das-erste/Y3JpZDovL3dkci5kZS9CZWl0cmFnLWE1YTI1NWUxLTkxMzMtNDg3Ni1hYzM4LTEzOGNhNTczNjk4Zg/.

130. ZDF Morgenmagazin. [Online] 03. 06 2021. [Zitat vom: 06. 06 2021.] https://www.zdf.de/nachrichten/zdf-morgenmagazin/ungereimtheiten-statistiken-corona-zahlen-tote-100.html.

131. Facebook - ZDF heute. [Online] 09. 07 2020. [Zitat vom: 06. 06 2021.] https://m.facebook.com/ZDFheute/photos/a.275406990679/10158808674065680/?type=3.

132. Drive Google. [Online] 11. 11 2020. [Zitat vom: 13. 05 2021.] https://drive.google.com/file/d/1t1b01H0Jd4hsMU7V1vy70yr8s3jlBedr/view.

133. Conserva, Henry T. *Propaganda Techniques*. s.l. : AuthorHouse, 2003. ISBN: 978-1410704962.

134. Bayerischer Landtag. [Online] 23. 03 2021. [Zitat vom: 14. 05 2021.] https://www.bayern.landtag.de/aktuelles/veranstaltungen/gaeste-und-begegnungen/gub-2021/23022021-trauerakt-fuer-die-corona-verstorbenen-in-bayern/.

135. Youtube. [Online] 31. 03 2021. [Zitat vom: 14. 05 2021.] https://www.youtube.com/watch?v=AUtim48Lfh0.

136. Stock, Simon. wa.de. [Online] 12. 02 2021. [Zitat vom: 14. 05 2021.] https://www.wa.de/leben/gesundheit/grippe-corona-lockdown-influenza-virus-erkaeltung-rki-lothar-wieler-krankheit-aok-infektionen-rueckgang-berlin-nrw-90201729.html.

137. Bedeutung Online. [Online] [Zitat vom: 14. 05 2021.] https://www.bedeutungonline.de/was-ist-framing-bedeutung-definition-auf-deutsch-erklaerung/.

138. Flammang, Andreas, Ann-Kathrin, Müller und Schaible, Jonas. Spiegel Politik. [Online] 29. 08 2020. [Zitat vom: 14. 05 2021.] https://www.spiegel.de/politik/deutschland/ach-so-ja-nazis-sind-auch-da-a-7805e693-69e2-4f7e-be82-af54a01f4435.

139. Herman, Edward S. und Chomsky, Noam. *Manufacturing Consent – The Political Economy of the Mass Media*. New York : Pantheon Book, 1988, 2002. ISBN: 978-0099533115.

140. Demmel, Gerald und Pühringer, Marco. KONTRAST.at. [Online] 10. 06 2018. [Zitat vom: 14. 05

2021.] https://kontrast.at/noam-chomsky-medien-edward-s-herman/.

141. Biderman, Albert D. Communist Attempts to Elicit False Confessions from Air Force Prisoners of War. *Bulletin of the New York Academy of Medicine.* https://www.ncbi.nlm.nih.gov/pmc/articles/PMC180 6204/pdf/bullnyacadmed00378-0046.pdf, 09 1957, Bd. 33, 9, S. 616-625.

142. nichtohneuns-freiburg. [Online] 01 2021. [Zitat vom: 14. 05 2021.] https://nichtohneuns-freiburg.de/praxisdurchsuchung-bei-dr-thomas-kuelken-in-staufen/.

143. Hund, Anne. Merkur.de. [Online] 18. 06 2020. [Zitat vom: 14. 05 2021.] https://www.merkur.de/leben/geld/corona-paar-muss-euro-strafe-zahlen-eishaendler-reagiert-zr-13745889.html.

144. Esch, Franz-Rudolf. Gabler Wirtschaftslexikon. [Online] [Zitat vom: 14. 05 2021.] https://wirtschaftslexikon.gabler.de/definition/manip ulation-38607.

145. Klüver, Heike, Hartmann, Felix und Humphreys, Macartan et al. What incentives can spur Covid-19 vaccination uptake? Preprint DOI: 10.31219/osf.io/ax6pw, 09. 05 2021.

146. ZDF heute. [Online] 31. 08 2020. [Zitat vom: 14. 05 2021.] https://www.zdf.de/nachrichten/politik/spahn-corona-demo-berlin-100.html.

147. evangelisch.de. [Online] 29. 01 2021. [Zitat vom: 14. 05 2021.]

https://www.evangelisch.de/inhalte/181839/29-01-2021/hirnforscher-huether-lockdown-schadet-kindern-langfristig.

148. Gürtler, Helga. Familienhandbuch. [Online] 09. 09 2013. [Zitat vom: 14. 05 2021.]
https://www.familienhandbuch.de/babys-kinder/bildungsbereiche/soziale/KinderbrauchenKinder.php.

149. Myklestad, Ingri, Roysamb, Espen und Tambs, Kristian. Risk and protective factors for psychological distress among adolescents: a family study in the Nord-Trøndelag Health Study. *Social Psychiatry and Psychiatric Epidemiology.* DOI: 10.1007/s00127-011-0380-x, 16. 04 2011, Bd. 47, S. 771-782.

150. Busching, Robert und Krahé, Barbara. With a Little Help from Their Peers: The Impact of Classmates on Adolescents' Development of Prosocial Behavior. *Journal of Youth and Adolescence.* DOI: 10.1007/s10964-020-01260-8, 11. 06 2020, Bd. 49, S. 1849-1863.

151. Deutscher Bundestag. [Online] 25. 06 2009. [Zitat vom: 14. 05 2021.]
https://www.bundestag.de/resource/blob/415424/dbc64afb565391f883ebe737ba44475f/wd-8-047-09-pdf-data.pdf.

152. Bodanowitz, Jörg. DAK Gesundheit. [Online] 04. 06 2020. [Zitat vom: 14. 05 2021.]
https://www.dak.de/dak/bundesthemen/corona-schulschliessungen-belasten-muetter-besonders-2266728.html#/.

153. Acharya, Sourya und Shukla, Samarth. Mirror neurons: Enigma of the metaphysical modular brain.

Journal of Natural Science, Biology and Medicine. DOI: 10.4103/0976-9668.101878, 2012, Bd. 3, 2, S. 118-124.

154. Gallese, Vittorio. The 'shared manifold' hypothesis. From mirror neurons to empathy. *Journal of Consciousness Studies.* https://www.researchgate.net/publication/233611970_The_%27shared_manifold%27_hypothesis_From_mirror_neurons_to_empathy, 2001, Bd. 8, 5-7, S. 33-50.

155. Freud, Erez, Stajduhar, Andreja und Rosenbaum, R. Shanya et al. The COVID-19 pandemic masks the way people perceive faces. *Scientific Reports.* DOI: 10.1038/s41598-020-78986-9, 21. 12 2020, Bd. 10.

156. Augsburger Allgemeine. [Online] 04. 02 2021. [Zitat vom: 14. 05 2021.] https://www.augsburger-allgemeine.de/neu-ulm/Kreis-Biberach-Corona-Verstoss-in-Mittelbiberach-Polizei-loest-Kindergeburtstag-auf-id59040206.html.

157. t-online. [Online] 06. 01 2021. [Zitat vom: 14. 05 2021.] https://www.t-online.de/region/muenchen/news/id_89234268/muenchen-ansturm-auf-rodelberge-am-dreikoenigstag-polizei-muss-eingreifen.html.

158. Velten, Katrin. HandlungsSpielRäume – Selbstwirksamkeitserfahrungen von Kindern in Kindertageseinrichtung und Grundschule. *Zeitschrift für Grundschulforschung.* DOI: 10.1007/s42278-019-00045-8, 21. 01 2019, Bd. 12, S. 165-179.

159. Lehrermarktplatz. [Online] [Zitat vom: 14. 05 2021.] https://lehrermarktplatz.de/material/160664/corona-schulregeln-plakat-furs-klassenzimmer.

160. Orinsky, Eva. coronarchiv. [Online] 04 2020. [Zitat vom: 14. 05 2021.] https://coronarchiv.geschichte.uni-hamburg.de/projector/s/coronarchiv/item/5193.

161. Schulz, Heike. Der Paritätische BW. [Online] 20. 11 2020. [Zitat vom: 14. 05 2021.] https://www.paritaet-bw.de/leistungen-services/fachinformationen/interview-mit-kindern-der-paritaetischen-uni-kita-zaubergarten-ueber-covid-19.

162. Hughes, Karin. IDOWA. [Online] 28. 03 2020. [Zitat vom: 26. 05 2021.] https://www.idowa.de/inhalt.interview-was-kinder-ueber-die-corona-krise-wissen.ec11ba97-5fdb-47cc-a23f-e6bb620bed3b.html.

163. BR24. [Online] 23. 11 2020. [Zitat vom: 14. 05 2021.] https://www.br.de/nachrichten/meldung/studie-widerlegt-angeblich-hohes-ansteckungsrisiko-durch-symptomfreie-kinder,300340c13.

164. ZDF heute. [Online] 14. 01 2021. [Zitat vom: 14. 05 2021.] https://www.zdf.de/nachrichten/panorama/corona-kinder-schulen-infektionsgefahr-100.html.

165. tagesschau.de. [Online] 26. 12 2020. [Zitat vom: 14. 05 2021.] https://www.tagesschau.de/inland/coronakrise-gewalt-101.html.

166. Weiß, Angela. buten un binnen. [Online] 17. 02 2021. [Zitat vom: 14. 05 2021.] https://www.butenunbinnen.de/nachrichten/gesellschaft/selbstmord-bremen-hilfe-100.html.

167. Riedel-Heller, Steffi G. und Röhr, Susanne et al. Public Health COVID-19. [Online] 2020. [Zitat vom: 14. 05 2021.] https://www.public-health-covid19.de/images/2020/Ergebnisse/Policy_Brief_Psychosoziale_Folgen_von_Isolation_30042020_final.pdf.

168. Destatis - Statistisches Bundesamt. [Online] [Zitat vom: 14. 05 2021.] https://www.destatis.de/DE/Themen/Gesellschaft-Umwelt/Bevoelkerung/Haushalte-Familien/Tabellen/4-3-lr-alleinstehende.html.

169. Destatis - Statistisches Bundesamt. [Online] [Zitat vom: 14. 05 2021.] https://www.destatis.de/DE/Themen/Gesellschaft-Umwelt/Bevoelkerung/Haushalte-Familien/Tabellen/1-1-privathaushalte-haushaltsmitglieder.html.

170. Hannoversche. [Online] [Zitat vom: 14. 05 2021.] https://www.hannoversche.de/wissenswert/soziale-kontake-fuer-das-wohlbefinden.

171. Bundesinstitut für Bevölkerungsforschung. [Online] 14. 07 2020. [Zitat vom: 14. 05 2021.] https://www.bib.bund.de/DE/Service/Presse/2020/2020-07-Eltern-waehrend-der-Corona-Krise.html.

172. Peters, Achim, McEwen, Bruce S. und Friston, Karl. Uncertainty and stress: Why it causes diseases and how it is mastered by the brain. *Progress in Neurobiology.* DOI: 10.1016/j.pneurobio.2017.05.004, 09 2017, Bd. 156, S. 164-188.

173. Online Lexikon für Psychologie und Pädagogik. [Online] [Zitat vom: 14. 05 2021.] https://lexikon.stangl.eu/7347/gesichtserkennung.

174. Rövekamp, Marie. Der Tagesspiegel. [Online] 05. 05 2019. [Zitat vom: 14. 05 2021.] https://www.tagesspiegel.de/wirtschaft/unser-digitalisiertes-leben-wie-sozial-ist-digital/24304856.html.

175. Karasek, Robert A. und Theorell, Töres. *Healthy work.* New York : Basic Books, 1990. ASIN : B01FKU3NZ8.

176. Bad GmbH. [Online] [Zitat vom: 14. 05 2021.] https://www.bad-gmbh.de/glossar/show-term/anforderungs-kontroll-modell/.

177. Cao, Shiyi, Gan, Yong und Wang, Chao et al. Post-lockdown SARS-CoV-2 nucleic acid screening in nearly ten million residents of Wuhan, China. *Nature Communications.* DOI: 10.1038/s41467-020-19802-w, 20. 11 2020, Bd. 11.

178. Sonnenberg, Anne-Kathrin. YouGov. [Online] 16. 10 2020. [Zitat vom: 15. 05 2021.] https://yougov.de/news/2020/10/16/angst-vor-einer-ansteckung-mit-dem-coronavirus-nim/.

179. Panchal, Nirmita, Kamal, Rabah und Cox, Cynthia et al. KFF. [Online] 10. 02 2021. [Zitat vom: 15. 05 2021.] https://www.kff.org/coronavirus-covid-19/issue-brief/the-implications-of-covid-19-for-mental-health-and-substance-use/.

180. BPtK. [Online] 17. 08 2020. [Zitat vom: 15. 05 2021.] https://www.bptk.de/wp-content/uploads/2020/08/2020-08-17_BPtK-Hintergrund_Corona-Pandemie-und-psychische-Erkrankungen.pdf.

181. LPB BW. [Online] 07. 01 2021. [Zitat vom: 15. 05 2021.] https://www.lpb-bw.de/gesellschaft-und-corona.

182. Zeit online. [Online] 12. 07 2020. [Zitat vom: 15. 05 2021.] https://www.zeit.de/news/2020-07/12/mehr-haeusliche-gewalt-in-der-corona-zeit.

183. Hussendörfer, Elisabeth. Apotheken Umschau. [Online] 02. 12 2020. [Zitat vom: 15. 05 2021.] https://www.apotheken-umschau.de/krankheiten-symptome/infektionskrankheiten/coronavirus/wie-corona-die-freundschaft-belasten-kann-762033.html.

184. Kinne, Philipp. Augsburger Allgemeine. [Online] 30. 11 2020. [Zitat vom: 15. 05 2021.] https://www.augsburger-allgemeine.de/augsburg-land/Landkreis-Augsburg-Nachbarn-melden-Corona-Verstoesse-Verpetzen-oder-berechtigte-Sorge-id58636471.html.

185. NDR. [Online] 06. 01 2021. [Zitat vom: 15. 05 2021.] https://www.ndr.de/nachrichten/niedersachsen/osnabrueck_emsland/Experten-warnen-vor-schwerwiegenden-Corona-Folgen-fuer-Kinder,corona6212.html.

186. NDR. [Online] 01. 02 2021. [Zitat vom: 15. 05 2021.] https://www.ndr.de/nachrichten/niedersachsen/hannover_weser-leinegebiet/Corona-Pandemie-Arzt-warnt-vor-Folgen-fuer-Kinder,kinder1750.html.

187. Müller, Christine. Kriegskinder- Wie haben sie ihre Kindheit verarbeitet? Kindheitsentwicklung im Nationalsozialismus, im Zweiten Weltkrieg und in der Nachkriegszeit . [Online] 2012. [Zitat vom: 15. 05 2021.]

https://edoc.ub.uni-muenchen.de/15531/1/Mueller_Christine.pdf.

188. Althans, Kathrin. evangelisch.de. [Online] 13. 02 2011. [Zitat vom: 15. 05 2021.] https://www.evangelisch.de/inhalte/103654/13-02-2011/das-vererbte-trauma-die-kinder-der-kriegskinder.

189. Haufe. [Online] 14. 04 2021. [Zitat vom: 15. 05 2021.] https://www.haufe.de/personal/arbeitsrecht/freistell ung-zur-kinderbetreuung-bei-schulschliessung_76_511796.html.

190. Horn, Vincent und Schweppe, Cornelia. Die Corona-Pandemie aus der Sicht alter und hochaltriger Menschen. [Online] 11 2020. [Zitat vom: 15. 05 2021.] https://www.sozialpaedagogik.fb02.uni-mainz.de/files/2020/11/Die-Corona-Pandemie-aus-der-Sicht-alter-Menschen_Nov_2020.pdf.

191. pronovaBKK. [Online] 16. 12 2020. [Zitat vom: 15. 05 2021.] https://www.pronovabkk.de/presse/pressemitteilung en/fachleute-rechnen-mit-welle-psychischer-erkrankungen-in-den-kommenden-monaten.html.

192. Zaplata, Tobias. VdK. [Online] [Zitat vom: 15. 05 2021.] https://www.vdk.de/nrw/pages/presse/80013/coron a_trifft_sozial_benachteiligte_menschen_besonders_har t?dscc=ok.

193. Schulze, Lea. Der Tagesspiegel. [Online] 11. 12 2020. [Zitat vom: 15. 05 2021.] https://www.tagesspiegel.de/gesellschaft/panorama/corona-hat-die-situation-fuer-obdachlose-verschaerft-

es-gab-schon-vorher-viel-gewalt-aber-durch-corona-ist-es-schlimmer-geworden/26711320.html.

194. Caritas. [Online] 18. 12 2020. [Zitat vom: 15. 05 2021.]
https://web.archive.org/web/20210124004311/https://www.caritas.de/fuerprofis/presse/pressemeldungen/kaelte-und-corona-bedrohen-obdachlose-592a9c2e-c930-4ede-8b97-053230ebde57.

195. Paul, Marius. Ruhr Nachrichten. [Online] 10. 06 2020. [Zitat vom: 15. 05 2021.]
https://www.ruhrnachrichten.de/dortmund/hohe-strafen-fuer-obdachlose-wegen-verstoessen-gegen-corona-regeln-1528544.html.

196. UNHCR. [Online] 24. 05 2020. [Zitat vom: 15. 05 2021.] https://www.unhcr.org/dach/de/44595-fluechtlinge-bei-corona-massnahmen-staerker-beruecksichtigen.html.

197. Makartsev, Alexei. Badische Neueste Nachrichten. [Online] 07. 10 2020. [Zitat vom: 15. 05 2021.]
https://bnn.de/nachrichten/baden-wuerttemberg/migrationsforscherin-corona-trifft-viele-fluechtlinge-die-noch-nicht-integriert-sind.

198. Neues Deutschland. [Online] 27. 07 2020. [Zitat vom: 15. 05 2021.] https://www.neues-deutschland.de/artikel/1139661.corona-und-soziale-folgen-gefluechtete-spueren-coronakrise-am-arbeitsmarkt.html.

199. Friedrich, Dorothea. sueddeutsche.de. [Online] 10. 04 2020. [Zitat vom: 15. 05 2021.]
https://www.sueddeutsche.de/muenchen/dachau/di

e-folgen-der-corona-krise-fuer-fluechtlinge-die-
naechste-krise-1.4874004.

200. tagesschau.de. [Online] 02. 06 2021. [Zitat vom: 03.
06 2021.]
https://www.tagesschau.de/wirtschaft/weltwirtschaft
/ilo-jobs-corona-101.html.

201. tagesschau.de. [Online] 24. 04 2021. [Zitat vom: 03.
06 2021.]
https://www.tagesschau.de/wirtschaft/coronapande
mie-arbeitsmarkt-101.html.

202. Buch, Tanja, Hamann, Silke und Niebuhr,
Annekatrin et al. Arbeitsmarkteffekte der Corona-Krise
– Sind Berufsgruppen mit niedrigen Einkommen
besonders betroffen? *Wirtschaftsdienst.*
https://www.wirtschaftsdienst.eu/inhalt/jahr/2021/h
eft/1/beitrag/arbeitsmarkteffekte-der-corona-krise-
sind-berufsgruppen-mit-niedrigen-einkommen-
besonders-betroffen.html, 2021, Bd. 101, 1, S. 14-17.

203. tagesschau.de. [Online] 28. 01 2021. [Zitat vom: 15.
05 2021.]
https://www.tagesschau.de/inland/coronakrise-
hilfen-101.html.

204. Paul, Karsten, Zechmann, Andrea und Moser,
Klaus. Psychische Folgen von Arbeitsplatz- verlust und
Arbeitslosigkeit. *WSI Mitteilungen.*
https://www.wsi.de/data/wsimit_2016_05_paul.pdf,
2016, Bd. 5, S. 373-380.

205. Gesundheit.gv.at. [Online] 02. 02 2018. [Zitat vom:
15. 05 2021.]
https://www.gesundheit.gv.at/leben/lebenswelt/beru
f/psychische-belastung/gesundheit.

206. Deutsche Post DHL. [Online] 18. 11 2020. [Zitat vom: 15. 05 2021.] https://www.dpdhl.com/de/presse/pressemitteilungen/2020/deutsche-post-gluecksatlas-2020.html.

207. United Nations. [Online] 13. 05 2020. [Zitat vom: 15. 05 2021.] https://unsdg.un.org/sites/default/files/2020-05/UN-Policy-Brief-COVID-19-and-mental-health.pdf.

208. ifo institut. [Online] 16. 12 2020. [Zitat vom: 15. 05 2021.] https://www.ifo.de/ifo-konjunkturprognose/20201216.

209. statista. [Online] 19. 04 2021. [Zitat vom: 15. 05 2021.] https://de.statista.com/statistik/daten/studie/1108351/umfrage/aktuelle-prognosen-zur-entwicklung-des-bip-weltweit/.

210. Böhm, Andrea. Zeit online. [Online] 03. 05 2020. [Zitat vom: 15. 05 2021.] https://www.zeit.de/politik/ausland/2020-04/hungersnot-coronavirus-covid-19-un-armut.

211. UNHCR. [Online] 01. 05 2020. [Zitat vom: 15. 05 2021.] https://www.unhcr.org/dach/de/43385-covid-19-vertriebene-von-sozialen-und-wirtschaftlichen-auswirkungen-der-krise-besonders-betroffen.html.

212. Kemp, Luke. BBC Nature. [Online] 19. 02 2019. [Zitat vom: 15. 05 2021.] https://www.bbc.com/future/article/20190218-are-we-on-the-road-to-civilisation-collapse.

213. Plumvillage. [Online] [Zitat vom: 15. 05 2021.] https://plumvillage.org/teachings/israeli-palestinian-retreat/.

214. Gigerenzer, Gerd. *Bauchentscheidungen – Die Intelligenz des Unbewussten und die Macht der Intuition.* München : Goldmann-Verlag, 2007. ISBN: 978-3442155033.

215. Stephanowitz, Johann. Zeit online. [Online] 05. 12 2020. [Zitat vom: 15. 05 2021.] https://www.zeit.de/politik/deutschland/2020-12/querdenken-anti-corona-protest-demonstrationsverbot-bremen-mannheim?utm_referrer=https%3A%2F%2Fwww.google.com.

216. tagesschau.de. [Online] 06. 01 2021. [Zitat vom: 15. 05 2021.] https://www.tagesschau.de/faktenfinder/wirmachenauf-unternehmer-101.html.

217. Der Tagesspiegel. [Online] 07. 04 2021. [Zitat vom: 15. 05 2021.] https://checkpoint.tagesspiegel.de/langmeldung/7kn3yHYhA0EQIU7m3Ru1FG?utm_medium=social-button-nl-web.

218. Bendavid, Eran, Oh, Christopher und Bhattacharya, Jay et al. Assessing mandatory stay-at-home and business closure effects on the spread of COVID-19. *European Journal of Clinical Investigation.* DOI: 10.1111/eci.13484, 05. 01 2021.

219. Ragnitz, Joachim. ifo institut. [Online] 05. 01 2021. [Zitat vom: 15. 05 2021.] https://www.ifo.de/publikationen/2021/monographie-autorenschaft/hat-die-corona-pandemie-zu-einer-uebersterblichkeit.

220. Schneider-Eicke, Francesco. Der Tagesspiegel. [Online] 12. 05 2021. [Zitat vom: 24. 05 2021.] https://www.tagesspiegel.de/politik/aerzte-aeussern-unter-nichtmeinaerztetag-kritik-wie-sinnvoll-sind-impfungen-bei-kindern/27184812.html.

221. Bundesärztekammer. [Online] 05. 05 2021. [Zitat vom: 24. 05 2021.] (https://www.bundesaerztekammer.de/presse/presse mitteilungen/news-detail/corona-impfstrategie-fuer-kinder-und-jugendliche-entwickeln/).

222. 2020news.de. [Online] 12 2020. [Zitat vom: 15. 05 2021.] https://2020news.de/wp-content/uploads/2020/12/Verfassungsbeschwerde-Richter-anonym-30122020.pdf.

223. Kölsch, Manfred. Reitschuster.de. [Online] 25. 05 2021. [Zitat vom: 26. 05 2021.] https://reitschuster.de/post/lockdown-weder-notwendig-noch-verhaeltnismaessig-sondern-verfassungswidrig/.

224. IPPNW. [Online] [Zitat vom: 24. 05 2021.] http://www.ippnw-nuernberg.de/aktivitaet2_1.html.

225. Egner, Heike. Universitäts.club. [Online] 19. 03 2021. [Zitat vom: 24. 05 2021.] https://uniclub.aau.at/corona-impfung-als-verletzung-des-nuernberger-kodex/.

226. Machnes, Ruth und Suchovolsky, Arie. drive.google. [Online] 01. 03 2021. [Zitat vom: 24. 05 2021.] https://drive.google.com/file/d/1JjRt_OjBrHPjuegftFh vRmtdKwv9PFqo/view?fbclid=IwAR0NhSCkT7bnbsH JGYNXLhtYFbhnsZTffiY4s2lGRCEjBWciCt0egKSWocc.

227. Haufe. [Online] 22. 04 2021. [Zitat vom: 15. 05 2021.] https://www.haufe.de/recht/familien-erbrecht/ag-weimar-und-weilheim-gegen-masken-und-tests-an-schulen_220_541290.html.

228. Podolski, Tanja. Legal Tribune Online. [Online] 27. 04 2021. [Zitat vom: 15. 05 2021.] https://www.lto.de/recht/hintergruende/h/ag-weimar-durchsuchung-richter-dienstraeume-familienrichter/.

229. Irmer, Hans-Jürgen. Club der klaren Worte. [Online] 14. 04 2021. [Zitat vom: 15. 05 2021.] https://clubderklarenworte.de/wp-content/uploads/2021/04/CDU-Bundestagsabgeordneter-stimmt-gegen-IfSG-Argumente.pdf.

230. Der Tagesspiegel. [Online] 13. 05 2021. [Zitat vom: 24. 05 2021.] https://www.tagesspiegel.de/politik/aerger-im-innenministerium-was-hinter-dem-unautorisierten-corona-bericht-steckt/25823472.html.

231. allesdichtmachen. [Online] 04 2021. [Zitat vom: 15. 05 2021.] https://allesdichtmachen.de.

232. Leber, Sebastian. Der Tagesspiegel. [Online] 23. 04 2021. [Zitat vom: 15. 05 2021.] https://www.tagesspiegel.de/gesellschaft/panorama/schauspieler-und-ihre-corona-kritik-alles-dicht-machen-ist-so-schaebig-dass-es-weh-tut/27124112.html.

233. Der Westen. [Online] 02. 05 2021. [Zitat vom: 15. 05 2021.] https://www.derwesten.de/panorama/promi-tv/tatort-ard-alles-dicht-machen-jan-josef-liefers-ulrich-

tukur-wdr-rundfunkrat-garrelt-duin-twitter-shitstorm-corona-id232124833.html.

234. Buhtz, Andrea und Otto, Ferdinand. Zeit online. [Online] 23. 04 2021. [Zitat vom: 15. 05 2021.] https://www.zeit.de/kultur/film/2021-04/allesdichtmachen-protest-corona-massnahmen-heike-makatsch-online-aktion-schauspieler?utm_referrer=https%3A%2F%2Fwww.google.com.

235. Reitschuster, Boris. reitschuster.de. [Online] 25. 04 2021. [Zitat vom: 15. 05 2021.] https://reitschuster.de/post/warum-muss-unsere-ganze-gesellschaft-in-eine-art-kriegszustand/.

236. Balser, Markus, Brössler, Daniel und Herrmann, Boris. sueddeutsche.de. [Online] 18. 02 2021. [Zitat vom: 16. 05 2021.] https://www.sueddeutsche.de/medien/bundespresse konferenz-verschwoerungsmythen-1.5209919?reduced=true.

237. Reitschuster, Boris. Reitschuster.de. [Online] 2021. [Zitat vom: 26. 05 2021.]

238. Fritsch, Alexander. Jüdische Rundschau. [Online] 03 2021. [Zitat vom: 26. 05 2021.] https://juedischerundschau.de/article.2021-03.versuchter-rufmord-der-sueddeutschen-zeitung-gegen-boris-reitschuster.html.

239. Gnueheudunge. [Online] 25. 02 2021. [Zitat vom: 15. 05 2021.] https://gnueheudunge.ch/?p=3030.

240. Wikisource. [Online] 02. 01 2021. [Zitat vom: 15. 05 2021.]

https://en.wikisource.org/wiki/And_Then_They_Buil d_Monuments_to_You.

241. perspektive blau. [Online] 07 2010. [Zitat vom: 15. 05 2021.] http://www.perspektive-blau.de/artikel/1007b/1007b.htm.

MIX

Papier | Fördert
gute Waldnutzung

FSC® C083411

Zeitfracht Medien GmbH
Ferdinand-Jühlke-Straße 7
99095 Erfurt, Deutschland
produktsicherheit@kolibri360.de